신영복을
존경
하세요?

통혁당 무기수?

시대의 사상가?

신영복을 존경하세요?

지에스북

| 저자의 말 |

왜 신영복인가

침묵은 왜곡의 또 다른 형태이다.

　신영복은 60년대 대한민국을 뒤흔든 통일혁명당(통혁당) 장기수이다. 수많은 공안사건이 있었지만 통혁당 만큼은 좌우 모두에게 논란의 여지가 없는 명백한 사실이다. 신영복의 행적은 다양한 자료를 검색하는 것으로 충분히 알 수 있을 정도이다.

이상한 것은 그럼에도 불구하고 신영복의 행적과 그것이 갖는 의미가 철저히 은폐되었다는 점이다. 80년대 학생운동과 민주화세력은 맑스레닌주의와 주체사상 등 급진주의 이념에 경도되었다. 그들이 민주화운동을 한 것이 역사의 한 측면이라면 그들이 좌경 급진주의에 물들어 있었던 것 또한 역사의 또 다른 측면이다. 그럼에도 그들은 민주화 운동의 한쪽 측면을 은폐함으로써 역사와 사실을 왜곡했다.

신영복도 그러하다. 신영복의 통혁당 전력은 무시되고 88년 출소 이후 그가 보여준 문필활동만이 살아남았다. 은폐전략은 효과적이었다. 덕분에 우리는 현직 대통령이 공개석상에서 통혁당 장기수를 존경한다고 말하고 간첩을 적발하는 국가정보원에 신영복의 글씨체가 등장하는 희한한 장면을 보고 있다.

우리는 이 책에서 신영복의 과거 행적을 은폐하려 했던 과정과

의도를 파헤치려 했다. 이 책은 올봄 국정원 원훈석 신영복 글씨체가 철거될 무렵 그에 공감했던 여러 사람이 모여 각기 분담하여 작업한 것이다. 신영복에 대한 기초 자료는 차고 넘치지만 그것을 비판적인 관점에서 검토하는 작업은 거의 찾아볼 수 없었다. 이 책은 대중적인 차원에서 신영복으로 상징되는 어떤 시대를 조망하는 초보적인 시도라 할 수 있을 듯 하다.

철 지난 사상가 신영복을 다시 논해야 하는 이유

책을 출간할 즈음 커다란 사건이 있었다. 요약하면 다음과 같다.
첫째. 러시아와 우크라이나 전쟁이 격화되고 중국 공산당 대회를 통해 시진핑의 3연임이 확정되는 가운데 북한의 군사적 도발이 위험 수위를 넘어서고 있다. 우리는 다시 북한과 마주 서야 하는 불행한 국면으로 접어들고 있다. 둘째. 김문수 경사노위 위원장이 국회에서 '문재인 전 대통령이 신영복을 존경한다면 김일성주의자'라고 발언했고 윤석열 대통령은 '종북주사와는 협치할 수 없다'고 발표한 것이다. 이는 한국에서 다시금 사상이념 문제가 쟁점이 될 것임을 예고한다.

위와 같은 사태는 책을 집필하고 발간하는 과정에서는 존재하지 않았다. 우리는 언제나처럼 평온한 정세가 유지되고 신영복 문제는 오랜 역사적, 학술적 문제가 될 것으로 생각했다. 그러나 북한 핵문제, 대통령의 종북 주사파 발언 등 옳든 그르든 사상이념 문제는 역사의 전면에 부상할 것 같다. 덕분에 이 책 또한 제기되는 정치적 문제에 대한 자신의 입장을 밝혀야 한다고 본다. 이에 민감한 정치현안에 대해 약간의 의견을 덧붙인다.

첫째. 통혁당과 통혁당 시절 신영복 활동의 진위에 대한 의구심은 거의 없다. 민주화운동이 성장하면서 과거 공안사건을 조작사건으로 몰아가려는 경향이 있지만 그들 대부분은 사실이 아니다. 대부분의 공안사건은 나름의 실체가 있었는데 고문·증거 등 수사과정에서의 법률적 문제 때문에 민주화 이후 다른 평가를 받게 된 것이다. 이와 관련 복잡한 이야기가 있지만 통혁당은 재심의 여지조차 없는 팩트 그 자체이다.

둘째. 88년 출소 이전 신영복은 김일성주의자라고 할 수 있다. 70년대 초중반 이후 주체사상이 본격적으로 정립되기 때문에 60년대 통혁당 활동을 했던 신영복을 김일성주의자라고 할 수 없다는 주장이 있지만 그것 또한 이치에 맞지 않는 주장이다. 사상은 오랜 세월에 걸쳐 확립되는 것으로 주체체상은 50년대 중반이면 윤곽을 드러냈다고 볼 수 있다. 4·19 이후 북한의 지하당 건설 방침에 따라 북한의 자금을 받아 조직된 지하당 성원이 김일성주의자가 아니라고 주장하는 것은 앞뒤가 맞지 않는 주장이다.

셋째. 핵심적인 논란은 1988년 출소 이후 신영복을 어떻게 평가할 것인가이다. 일단 신영복의 전향은 위장이었다고 보는 것이 옳을 것 같다. 신영복은 진정한 전향을 하지 않았지만 그렇다고 노골적인 혁명활동을 했다고 보기도 어렵다. 구좌익 활동가들 중에서 많은 수가 석방 이후에도 활동을 재개한 경우는 매우 많다. 신영복은 이들과 확연히 다른 길을 걸었는데 활동 대부분이 혁명적이라기보다는 인문학에 가까운 것이었다.

핵심은 다음의 두 가지다. 하나는 88년 출소를 전후하여 전기와 후기로 나눈다면 신영복은 전기와 후기 모두 김일성주의자인가? 아니면 인문학에 집중한 88년 이후의 신영복은 다르게 평가할 수 있는가이다. 다른 하나는 주사파 또는 김일성주의자가 누구인가하는 점이다.

　주사파는 북한에 충성하고 주체사상에 동조하여 사회운동을 하는 사람들이다. 주체사상과 김일성주의는 거의 같은 말이다. 이들은 80년대 중후반 대학에서 주로 태동해 90년대 통일운동에 전념하다 (전대협·한총련) 2001년 군자산의 약속을 계기로 주로 민주노동당에서 활동했던 사람(경기동부)들이다. 그들은 지금도 민주노동당과 같은 진보정당, 노동운동 등에서 북핵지지, 주한미군철수와 같은 선명한 주장을 하며 노골적인 정치활동을 하고 있다.

　그런데 이들은 신영복에 거의 관심이 없다. 신영복의 활동과 저작 대부분은 휴머니즘이나 인문학의 형태를 띠고 있기 때문에 당면 실천 활동과는 거리가 멀기 때문이다. 단순히 신영복을 존경한다고 해서 주사파, 김일성주의자라고 규정하는 것은 논리적 비약이 있다. 그런 논리라면 한국은 주사파로 넘쳐 날 것이다.

80년대 중후반 혁명의 열기가 끝난 후 주체사상에 경도되었던 많은 학생들이 사회로 진출했다. 한국 민주화운동의 최대 비극은 주체사상에 경도되었던 그들이 과거를 반성하지 않은 채 사회에 진출했다는 점이다. 이들은 사회 진출을 하면서 북한에 충성한다거나 주한미군 철수와 같은 선명한 주장 대부분을 버리는 대신 친북적 경향을 그대로 남겼다. 대통령·국회위원 등 중년의 고위급 인사들이 터무니없는 대북관을 가진 이유가 그들 대부분에 작동하는 80년대 주사파, 친북파의 DNA 때문이다.

신영복에 대한 광범위한 지지의 진원지가 이들이다. 이들은 신영복의 통혁당 과거는 교묘히 은폐하는 반면 신영복을 띄워 80년대 중후반 급진주의의 유산은 지키고 싶었다. 그리고 그들은 비합법 활동을 통해 구속되는 위험은 피하되 청년시절의 문화적 정취는 여전히 즐기고 싶었다. 통혁당 시절의 혁명적 사상을 뿌리로 하되 고급스러운 인문학으로 포장한 신영복의 글이 이들의 정서와 맞아 떨어지면서 신영복에 대한 광범위한 팬덤이 생겼다.

이들을 일단 친북파라고 한다면 친북파는 주사파·김일성주의자와는 다른 형태를 보인다. 후자가 북한 핵실험지지·주한미군철수를 주장하며 행동적인 투쟁을 한다면 전자는 지나친 친미적 행보가 문제라거나 토착왜구가 문제라는 등의 모호한 주장으로 자신을 포장하고 은폐한다.

어쩌면 그래서 더 위험할지도 모른다. 소나기가 내리면 사람들은 비를 피한다. 그러나 가랑비에 옷 젖는다는 말이 있다. 자신도 모르게 주체사상의 문화적 풍토에 물들어가는 것이 사실 노골적인 주사파보다 훨씬 더 위험할 수도 있다.

주사파·김일성주의자가 사법 처리의 대상이라면 친북파는 대중적 계몽의 대상이다.

예를 들어 '사람이 먼저다'라는 말은 언뜻 듣기에는 너무나 당연하고 휴머니즘의 감성이 물씬 풍긴다. 그러나 주체사상이 사람 중심의 철학이고, 사람이 먼저라는 구호의 '사람'이 주체사상에서 말하는 '사람'이라는 사실을 알게 된다면 저 멋진 문구는 경계의 대상이 될 것이다. 그것이 신영복의 힘이다. 이념적 언어를 걷어내고 교양있는 인문학과 휴머니즘을 타고 우리 사회 곳곳을 흐른다. 아무도 경계하지 않는다. 그리고 서서히 젖어든다.

신영복을 존경한다는 수많은 정치인들은 과연 신영복의 무엇을 좋아한 것일까? 이 책은 신영복에 대한 책이다. 통혁당 무기수에서 시대의 스승이 된 그의 행적과 사상을 좇아 가다 보면 우리는 다시금 질문을 던지게 된다.

아직도 신영복을 존경하십니까?

우리 앞에 우크라이나 전쟁·시진핑 3연임 그리고 북한 핵이 있다. 북한은 남한에 대한 전술핵 공격을 공언하고 있고 그것의 진위는 머지않아 모습을 드러낼 것이다. 우리는 다시금 해방 직후 한반도의 운명을 좌우했던 1945년부터 1953년 까지의 8년에 버금할만한 상황에 직면하고 있다.

철 지난 혁명가 신영복을 다시 논해야 하는 이유도 거기에 있다.

저자를 대표하여
민 경 우

| 차례 |

저자의 말 ··· 5
주요 사건 ··· 20

서문
90년대 운동권의 자기 성찰…"나의 신영복 탈출기"   재이

1. 시대와의 불화 ··· 29
2. 어리석은 우직함 ··· 33
3. 무감어수 감어인 ··· 37
4. 민중적 삶 ··· 40
5. 변화의 시작 ··· 42
6. 민중은 없다 ··· 43
7. 개인과 집단 ··· 47
8. 신영복을 넘어 ··· 49

1장
20대 청년의 물음…"신영복을 존경하시나요?"   박민형

1. 신영복을 논하기에 앞서… ··· 65
2. 신영복을 처음 알게 됐던 계기 ··· 71
3. 한일분쟁과 조국사태가 불러온 운동권에 대한 궁금증 ··· 72
4. 운동권의 실체를 탐구하기 시작하다 ··· 76
5. 20대 청년의 입장에서 바라본 신영복의 세계관 ··· 79
6. 신영복의 세계관과 인간관이 이어지는 지점 ··· 95
7. 신영복이 뿌린 씨앗은 한국 사회에서 어떤 열매로 성장했나 ··· 102

박지원

2장
기억의 정치… 통혁당 사건을 중심으로 본 신영복

1. 사회적 기억은 어떻게 구축되나 · · · **113**

2. 통일혁명당과 전위조직 · · · **117**
공안 기관, 그리고 김질락의 기억 / 김질락이 기억하는 신영복

3. 1980년대 운동권과 한민전의 기억 · · · **127**
『공안사건기록 1964~1968』/『통혁당-역사·성격·투쟁·문헌』/『한국전위조직운동사』
「60년대 조직사건에 대한 역사사회학적 연구: '통혁당'을 중심으로」
운동권 진영에서의 쟁점: 한민전은 통혁당을 계승하였다?

4. 통혁당 사건으로부터 분리되어 문화 콘텐츠로 거듭나기 · · · **136**
사상은 에세이로 윤색되고, 수려한 필체만 남았다.
운동권, 문화계, 자본이 결합해 '상품'으로 거듭나다.
통혁당 사건과의 연루 부정하기

5. 통혁당 사건의 서사로부터 분리되려는 또 다른 시도들 · · · **144**

6. 기억투쟁의 최종 승리자 · · · **146**

| **차례** |

3장
상징과 코스프레… 신영복은 어떤 사람인가

김창우

1. 신영복에게 대한민국은 무엇이었나 · · · **153**
2. 사회주의자 신영복의 변치 않은 면모 · · · **161**
3. 김일성의 사람 신영복 · · · **163**
4. 신영복은 어떻게 우상이 되었나 · · · **167**
   징역의 원인은 사라지고 연민만 남았다
   글씨체를 통한 대중적 이미지 창출에 성공
   역사의 피해자로 거듭난 신영복
   동양고전이라는 갑옷을 입은 신영복
5. 민주화와 종북의 계선을 무너뜨린 신영복 · · · **179**
6. 시대의 스승에서 시대의 우상으로 · · · **183**
   한겨레 신문과 신영복 / 세상을 떠나면서 절정에 달한 우상화
7. 신영복의 관계론은 과연 무엇인가 · · · **187**
8. 최영미가 말하는 신영복 · · · **192**

4장
민경우 **21세기 대한민국에 통혁당 장기수 신영복의 꿈이 흐른다**

1. 역사상 가장 사랑받은 장기수, 신영복 · · · 201
2. 신영복의 출소와 전향...운동권과의 조우 · · · 204
   그는 진정으로 전향했는가 / 신영복 신드롬의 기원 / 서사와 은유에 담긴 정치사상
3. 신영복이 추구했던 인간과 사회 · · · 217
   내재적 발전론 / 작은 세계 / 작은 세계와 민족주의의 결합 / 신영복의 인간관
   1) 감옥으로부터의 사색 / 2) 더불어 숲 / 소박한 농촌공동체를 꿈꾸는 자들
4. 신영복이 바라 본 세계... 반외세반제국주의 · · · 243
   사회주의 붕괴 이후 찾아온 낯선 식민지 /
   신영복의 국제문제에 대한 인식 / 신영복과 문재인
5. 60년대 통혁당의 꿈이 담백한 서체를 타고
   21세기 대한민국을 흐르고 있다. · · · 258

편집자의 말 : 신영복의 시간이 왔다 · · · 262

부록 : 통일혁명당 선언과 강령전문 / 한국민족민주전선 강령 · · · 270

| 주요 사건 |

이 책을 읽는데 도움이 될만한 공안사건과 용어에 대한 설명입니다.

통일혁명당(통혁당) 사건

1968년 8월 24일 중앙정보부가 발표한 지하당조직사건이다. 158명이 검거되어 50명의 구속자를 낸 60년대 최대의 공안사건이다.

1961년 9월 조선노동당 제4차대회에서 밝힌 김일성의 혁명적 당 조직 건설 지침에 따라 남한내 각지에서 지하당 준비작업이 진행되었다. 1961년 최영도의 통혁당 전라남도 창당준비위원회, 김대수의 경상북도 창당준비위원회 활동이 시작되었고 김종태를 중심으로 서울시 창당준비위원회가 1963년부터 조직결성을 위한 본격적인 활동을 시작했다.

1965년 11월 초 김종태·김질락·이문규를 중심으로 「마르크스·레닌주의로 무장하고 중앙당의 지도 아래 혁명을 수행하기 위하여 통일혁명당의 창당을 선언」한 뒤, 각각 위원장·민족해방전선 책임비서·조국해방전선 책임비서로 자임, 지도부를 구성했다. 김질락은 이진영과 신영복을, 이문규는 이재학과 오병철을 각각 포섭해 전선지도부를 구성하고, 이들 전선지도부는 다시 임중빈,김희순·권오창·이종태·노인영·박성준·이영윤 등 학생운동 출신자들로 당 소조를 조직해 이들로 하여금 새문화연구회·청년문학가협의회·불교청년회·민족주의연구회·경우회·동학회·기독청년경제복지회·학사주점(60년대 학사회) 등의 서클을 운영하면서 이를 기반으로 대중활동을 전개토록 했다.

1968년 6월 통혁당 핵심인 김종태가 검거됐다. 김종태가 체포된 후 조국해방전선 책임자 이문규가 대구에서 검거됐으며, 그의 집에서 암호문건이 발견됐다.

암호문건을 토대로 대북(對北) 통신 공작에 착수한 정보당국은 1968년 8월 4일 새벽 북한에서 보내온 A-3 지령문 해독에 성공했다. 이문규 체포 사실을 몰랐던 북한은 통혁당 핵심간부를 구출하기 위해 1968년 8월 20일 제주도 서귀포 해안으로 무장공작선을 보냈다가 군·경·정(軍警情) 합동작전에 의해 나포됐다.

'독 안의 쥐 작전(훗날 Z 작전으로 불림)'으로 불렸던 이 작전에는 중앙정보부를 비롯해, 육·해·공·해병대 작전참모부와 합동참모본부, 치안국이 동시에 참여했으며 이 사건으로 통혁당의 실체가 완전히 드러났다. 이로부터 4일이 지난 1968년 8월 24일, 김형욱 중앙정보부장은 "김종태가 전후 4차례에 걸쳐 북한의 김일성과 면담하고 '통일혁명당'을 결성하여 혁신정당으로 위장한 뒤 합법화하여 반정부 및 반미데모를 전개하는 등 대정부공격과 반정부적 소요를 유발시키려는 데 주력했다"라고 발표했다.

북한 로동당에 입당한 김종태, 김질락, 이문규는 사형 당했으며 이들에게 포섭된 신영복, 이재학, 오병철, 신광현, 정종소는 무기징역을 선고받았다. 당시 무기징역을 선고받은 신영복은 전향서를 쓴 뒤 1988년에야 가석방으로 출소했다.

1969년 7월 10일에 김종태의 사형이 집행되자, 북한은 공화국영웅 칭호를 수여한 뒤 대규모 추모집회를 열었다. 이후 평양전기기관차공장은 '김종태전기기관차연합기업소'로, 해주사범대학은 '김종태사범대학'으로 바꾸었다. 69년 11월 6일 사형 당한 이문규 역시 영웅 칭호가 수여됐다.

통혁당은 1985년에 '한국민족민주전선'으로 바뀌었고, 방송 명칭을 '구국의 소리'로 바꾸었다가 2003년에 방송을 중단했다.

북한은 통일혁명당 사건이 "미제와 남조선파쑈당국이 애국적 통일혁명당의 일부 성원들을 체포하여 사형을 비롯한 무기징역에 이르기까지 극형과 중형을 선고한 사건"이라고 주장한다. 또 통혁당 관계자들의 활동을 '김일성혁명역사' 교과서에 '조국통일을 위한 남조선 혁명가들의 투쟁'이라는 한 개 절로 만들어 통혁당 건설과 최후에 대해 교육하고 있다. 교과서는 "통일혁명당은 조선로동당의 붉은 혈통을 이어받아 남조선에 주체사상을 전파하기 위한 전위부대였다"고 평가하고 있다.

남조선노동당(남로당)

남한의 공산주의 세력 규합, 민주주의 민족전선 결성, 총파업 주도, 경찰서 및 공공건물 파괴을 목적으로 1946년 11월 서울에서 결성된 공산주의 정당.

여운형, 박헌영을 중심으로 한 좌익 정치 세력은 46년 11월에 조선공산당, 조선인민당, 남조선신민당의 3당 합당을 통해 남조선로동당을 조직했다.

여운형이 남로당의 초대 위원장에 선출되었고 부위원장으로 박헌영이 선출되었다. 그러나 좌우합작을 강조한 여운형과 이를 반대한 박헌영의 주도권 싸움으로 여운형이 탈당했다. 탈당한 여운형이 근로인민당을 창당하면서 남로당과 대립했다.

1946년 8월 29일 북한에 북조선노동당이 결성되었으며, 1949년 6월 남북의 노동당이 조선노동당으로 통합됨으로써, 남로당은 김일성 지배 하에 들어갔다.

남로당은 1945년의 조선정판사위조지폐사건, 1946년의 9월총파업사건과 10월폭동사건 등 조선공산당시대의 투쟁을 이어받아, 1947년의 3·1절 충돌사건, 8·15폭동, 1948년의 2·7총선방해투쟁, 4·3투쟁(제주도무장투쟁), 여수·순천반란사건, 1949년의 국회프락치사건 등 정치·사회의 불안을 조성하기 위하여 파괴활동을 지속하다가, 대부분의 간부는 검거를 모면하기 위하여 북한으로 도피하였다.

북한에 도피한 남로당원들이 북조선노동당에 입당하면서 남로당세력은 감소되었고, 마침내 1949년 6월 평양에서 남북노동당이 합당하면서 조선노동당이 되었다. 남로당이 사실상 북조선노동당에 흡수, 해체된 것이다.

그러나 남로당계 간부들은 김일성에 의하여 제거되고, 1955년 12월 15일 최고군사재판에서 박헌영은 사형되었다. 정권전복음모와 미제국주의를 위한 간첩행위가 죄명이었다. 김일성은 당내에서 최강의 숙적인 박헌영과 그의 추종세력을 이와 같이 소탕하고, 6·25전쟁의 패인을 남로당계의 간첩행위로 돌렸다.

한국민족민주전선(한민전)

1968년 7월 공안기관에 의해 통혁당 주요 조직이 와해되었지만 1969년 8월 25일 지하방송을 통해 전격적으로 통혁당 창당선언문과 강령이 발표됐다. 북한은 이 조직이 "남조선인민 자신이 주체사상을 지도이념으로 남조선내에 결성했다"고 주장하면서 남한 내에서 자생적인 활동으로 주장하고 있으나 통혁당 핵심이 와해된 상황에서 자생적 활동은 사실상 불가능한 것으로 보인다.

통혁당은 1985년 7월 27일 우리 국민들의 반미의식 고조 등 시국이 변했다는 이유로 명칭을 한국민족민주전선으로 개칭하고 남한의 '친미 정권' 타도를 통한 민족자주정권수립과 통일을 기본임무로 ① 민족자주정권수립 ② 민주정치 실현 ③ 민족경제 건설 ④ 국민생활안정 ⑤ 민족교육발전 등 10개 항을 강령으로 새롭게 제시했다. '통혁당 목소리'방송에서 '구국의 소리' 방송으로 변경(85. 8. 8)했다.

북한과 한민전을 지지하는 이들은 "남조선인민 자신이 주체사상을 지도이념으로 남조선내에 결성했다"며 한민전이 남한내 자생적인 전위조직이라고 주장하고 있으나 한민전은 평양에 근거지를 둔 대남 혁명투쟁의 전위조직으로 당중앙위원회 통일전선부(대남사업 담당) 소속기구라는 것이 일반적인 견해이다.

다른 라디오 방송이 당중앙위 선전선동부의 지휘를 받는 조선중앙방송위원회가 관장하는 정규방송인데 반해 '구국의 소리방송'은 당중앙위 통일전선부의 통제를 받았다. 노동당 통일전선부의 지도 아래 한민전 산하의 '칠보산 연락사무소'(평양시 흥부동 소재)가 관장했으며, 모두 7개의 채널(중파 1, 단파 6)로 서울말과 영어로 방송되었다.

한편 북한은 2003년 7월 제11차 남북장관급회담에서 상대방에 대한 비방방송 중단을 강력히 요구하면서 2003년 8월 1일 대표적 대남 비방방송인 '구국의 소리' 방송을 전격 중단했다. 이후 '평양방송'에서 주로 대남방송을 하고 있으며, 노동당 대남선전부의 감독을 받고 있다. 한국에서도 2004년 이후 전면 중단되었던 대북방송을 2010년 이후 재개해 1회 4시간씩 하루 3회 방송되고 있다. 대북방송 이름은 '자유의 소리'이다.

남조선민족해방전선준비위원회(남민전) 사건

반유신 민주화와 반제 민족해방 운동을 목표로 1976년 2월 이재문, 신향식, 김병권 등이 비밀단체인 '남조선민족해방전선준비위원회'(남민전)를 조직하였다.

그리고 1977년 1월 남민전의 반(半)합법 전술조직으로 '한국민주투쟁위원회'(민투)를 결성하여 유신체제를 비판하는 유인물 및 기관지('민중의 소리')를 8차례에 걸쳐 배포하는 등 반(反)유신투쟁을 전개하고, 민청학련 등 학생운동가들을 중심으로 청년학생위원회를 조직하여, '민주구국학생연맹', '민주구국교원연맹', '민주구국농민연맹'을 결성하였다.

그리고 '민주구국노동연맹'의 결성을 시도하던 중 1979년 10월 4일 이재문, 이문희, 차성환, 이수일, 김남주 등을 비롯하여 1979년 11월까지 84명의 조직원이 구속되었다.

이후 공안기관에 의해 '북한공산집단의 대남전략에 따라 국가변란을 기도한 사건', '북한과 연계된 간첩단 사건', '무장 도시게릴라 조직' 등으로 발표, 국가보안법 및 반공법 위반 등으로 처벌 받아 유신말기 최대 공안사건으로 기록됐다.

주체사상

북한의 최고 통치 이념.

북한 사회주의 헌법 제4조 "조선민주주의 인민공화국은 마르크스, 레닌주의를 우리나라의 현실에 창조적으로 적용한 조선로동당의 주체사상을 자기활동의 지도적 지침으로 삼는다"라고 규정하고 있으며, 당규약 전문 "조선로동당은 오직 위대한 수령 김일성 동지의 주체사상, 혁명사상에 의해 지도된다."로 주체사상은 북한의 유일 지도사상이다.

북한이 '사람 중심의 철학사상'이라고 밝히고 있는 주체사상은 1) 철학적 원리 2) 사회역사적 원리 3) 지도의 원리로 구성되어 있다.

철학적 원리에서 주체사상은 '인간이 세계의 주인이며 모든 것을 결정한다'고 밝히고 인간을 '자주성, 창조성, 의식성'을 가진 물질세계의 가장 발전된 존재로 규정하고 있다.

이 때문에 인간은 자연과 사회를 개조하는 주체이며 매개 나라의 혁명과 건설의 주인은 그 나라 인민대중이며 그것을 추동하는 힘도 인민대중 자신에게 있다는 것이 사회역사적 원리이다.

지도의 원리는 주체사상에서의 '주체'는 개인이 아니라 '인민대중'이며 인민대중은 당과 수령의 영도하에서 하나의 사상, 하나의 조직으로 역사발전에 주체가 될 수 있다는 논리이다.

신영복에 열광했던 그 때, 나 역시 인민민주주의자였다.
21세기에 심지어 범법자를 옹호하기 위해 촛불을 들고 거리로
몰려 나와 '대한민국은 민주공화국이다'라고 외치는 자기 모순
은 아마 역사의 코미디로 남을 듯 하다.

서문

90년대 운동권의 자기 성찰
"나의 신영복 탈출기"

재이

학생운동권

1. 시대와의 불화

1991년 3월. 대학은 해방구였다.

중고등 학교 시절을 기억해보면 사춘기 소녀의 낭만보다는 70명이나 되는 학생들을 비좁은 교실에 몰아넣고 오전 8시 등교해 밤 11시 야간자율학습까지 학교에 갇혀 있었다. 시험이 끝나면 1등부터 꼴등까지 성적표가 교실에 붙었고, 교사의 폭력은 당연한 것이었다. 뉴스에는 연일 학업 스트레스로 목숨을 끊은 학생들의 기사가 나왔고, 극장가에는 '행복은 성적순이 아니잖아요'라는 영화가 상영되었다.

학창시절의 경험은 세상은 무한경쟁의 장이고, 모든 경쟁은 비인간적이며 폭력적이라는 선입견을 갖게 했다. 공부를 잘하는 아이들은 성격이 이상하거나, 외모가 별로이거나, 뭔가 결정적인 결함이 있을 것이라고 생각했다. 무엇보다 이기적이고, 공동체 의식이 부족해서 공부만 한다고도 생각했다.

경쟁에서 이기는 자는 사실상 저주의 대상이었다. 그래서 최상위권이 아니고, 학교에서는 적당히 잘 놀고, 집에서 몰래 공부하면서 적당히 상위권을 유지하는 친구들이 인기가 많았다.

사실 1980년대와 90년대는 우리 사회로 보면 진취적인 사회 진출과 그에 따른 경제성장이 눈부시게 진행되었던 시대였지만 정작 학교에 갇혀 있던 우리는 경쟁을 저주하며, 자기 발전을 위해 노력하는 사람들을 이기주의자라고 비난했다. 어쩌면 소위 97세대(90년대 학번, 70년대생)의 시대와의 불화는 이때부터 시작되었는지 모르겠다.

이와는 정반대로 90년대 대학은 우리 사회 유일의 자유의 장이었다. 87년 6월 항쟁의 승리감에 도취해 있었고 사회 민주화를 넘어 학원 내 민주화 요구가 넘쳐났다. 그야말로 온 나라가 민주화의 시대였다. 학생운동 과정에서 학교에서 제적당한 86 선배들이 모두 복학했고 (이 중에는 학사경고로 인한 제적생도 상당수 있었다) 지금에 비하면 학점 따기가 쉬웠다. 학점이 낮아도 졸업 후에는 대부분 취업이 되었다. 대한민국 역사상 고등학교 시절과 대학 시절이 가장 극적으로 달라진 세대가 아마 우리 세대가 아닐까 싶다.

급격한 삶의 변화는 급격한 생각의 변화를 동반했다. 경쟁과 규율을 강요하던 이전의 모든 지식은 빠르게 부정되었다. 우리는 오렌지족이 되었고, X세대가 되었고, 그리고 나는 운동권이 되었다.

생각해보면 1991년 소비에트가 붕괴 된 해이다. 사회주의가 사실상 역사적 종언을 고한 그해, 아이러니하게도 나는 사회주의자가 되었다. 광주학살의 진실, 주한미군의 만행, 내가 미처 알지 못했던 국가폭력에 의한 수많은 민간인의 사망, 해방 전후사의 감춰진 진실….

사실 고등학교 때까지 배운 한국사 교과서에는 현대사가 거의 없었다. 한국 현대사는 당시 학력고사에 출제되지도 않아서 우리의 역사 지식은 대한제국에서 멈춰 있었다. 때문에 대학에 와서 선배들이 권하는 책과 토론을 통해 알게 된 현대사는 여과 없이 진실이 되었다.

한국은 탄생 과정부터 외세에 의해 잘못 수립된 나라이고, 독립은 되었으나 여전히 일제에 복무했던 친일파가 정권을 잡은 나라였다. 수많은 독립운동가들이 사회주의자라는 이유로 역사책에서 사라졌고, 조국의 독립을 위해 만주에서 총칼을 들고 싸웠던 독립운동가들은 정권을 잡은 친일파에 의해 고초를 겪었다고 믿었다. 그리고 이어 미국의 제국주의 전략에 한국은 또 다른 식민지가 되었고, 한국의 정치, 경제, 문화는 모두 미국에 예속되었다고 믿었다.

정부가 하는 모든 말들은 미국의 음모였고, 우매한 민중이 이를 간파하지 못하고 미국과 식민지 대리 정권의 전술에 속아 넘어가고 있음을 안타까워했다.

그리고 이러한 숨겨진 진실을 알고 있는 우국지사의 투쟁이 역사를 바꿀 것이라는 판타지를 믿었다. 한국의 눈부신 성장은 보이지 않았고, 성장의 그늘에서 신음하는 소수자의 삶이 내가 아는 조국의 모습이었다.

그러나 이러한 믿음과 달리 당시 한국은 역사상 유례없는 눈부신 성장을 이룩하고 있었다. 당연히 삶의 곳곳에서 나의 사상과 현실은 충돌했다. 세상의 변화와 거꾸로 가는 생각은 곳곳에서 삶과 부딪쳤고, 그때마다 나를 잡아줄 사상의 기둥이 필요했다.

그가 바로 신영복이었다.

'과거'란 완성되고 끝마쳐진 어떤 불변의 것이 아니며, 반대로 역사 인식은 언제나 현재의 갈등과 관심에서부터 출발하는 것입니다. 역사는 '과거에 투영된 현재'이며 그런 의미에서 계속 새롭게 씌어질 필요가 있는 것입니다.
어느 사회의 진상을 직시할 수 있는 가장 손쉬운 방법은 그 사회의 밑바닥 인생을 직접 방문하는 것이라는 소박한 민중 의식은 뛰어난 것이 아닐 수 없다 하겠습니다.
'시냇가에 심은 나무'가 무성한 잎을 키우는 것처럼, 우리의 인식도 기본적으로 우리가 입각하고 있는 관점의 여하에 따라 그 높이가 결정되게 마련인가 봅니다. 물론 경우에 따라서는 '여러 관점들의 전환, 복합, 환산에 의한 원근법'도 필요하게 되겠지만 이것은 어떤 경우이든 입장피구속성(立場被拘束性)을 승인한 인후의 일이 아닐 수 없다고 생각합니다.

「감옥으로부터의 사색」(과거에 투영된 현재)

지금 보면 그저 현란한 말장난에 불과한 글이지만 당시 인문학적 소양이라고는 전혀 없었던 20대의 나에게는 세상에서 가장 울림이 있는 말이었다.

2. 어리석은 우직함

성장은 늘 기회를 동반한다. 한국사회의 눈부신 성장은 청년들에게 수많은 기회를 제공했다. 소위 괜찮은 일자리가 많았다는 것이다. 변방의 후진국 한국의 청년들은 영화 속에서나 봐왔던 선진국 사람들의 삶을 따라가기 시작했다.

1980-90년대의 TV 광고를 보면 발랄한 20대 여대생이 청바지를 입고 남학생들과 거침없이 어울리는 모습이 등장한다. 지금도 잊혀지지 않는 광고는 1988년 '코카콜라' 광고였다.

배우 심혜진을 일약 스타로 만들어 준 이 광고는 커리어우먼 심혜진이 남자 동료를 들어 메치는 장면이 장난스럽게 나온다. 코카콜라 광고는 당시 여학생들에게 남자들과 동등한 위치에서 일하는 커리어우먼의 꿈을 갖게 했다.

> 세상은 어리석은 사람들의 우직함으로 인하여 조금씩 나은 것으로 변화해간다는 사실을 잊지 말아야 한다고 생각합니다.
> 우직한 어리석음, 그것이 곧 지혜와 현명함의 바탕이고 내용입니다.
> '편안함' 그것도 경계해야 할 대상이기는 마찬가지입니다.
> 편안함은 흐르지 않는 강물이기 때문입니다. '불편함'은 흐르는 강물입니다.
> 흐르는 강물은 수많은 소리와 풍경을 그 속에 담고 있는 추억의 물이며 어딘가를 희망하는 잠들지 않는 물입니다.
> 「나무야 나무야」

신영복은 세상과 거꾸로 가는 나의 어리석음이 세상을 더 나은 방향으로 나아가게 만드는 힘이 된다고 격려했다. 우직한 어리석음은 이후 20년간 시대와 동떨어진 나의 사상을 지켜주는 자기 위안이었다. 아마 아직도 많은 이들이 낡은 사상을 등에 짊어지고 신영복의 우직한 어리석음을 위안 삼아 역사의 길을 거꾸로 거슬러 가고 있을 것이다.

신영복의 이 같은 생각은 다음의 시와 그 궤를 같이한다.

뗏목지기는 조직원이었네

김형수

양자강 물가에 뗏목지기 있었네
물 속에 노니는 고기처럼 한가하게
산맥을 빠져나온 구름처럼 유유하게
장기도 두고 낚시질도 하고
혁명의 세월에 한가하게 사는 꼴이
청년들 눈에 차암, 안돼 보였네

홍군에 참가하여
전장터에 한 목숨 내맡기고 싶었던
젊은 뗏목지기 견디기 힘들었네
1년이 지나고 2년이 지나고
5년, 6년, 7년이 지나도
아무런 전투에도 불려가지 않았네

머리에 하나 둘 흰머리가 나도록

무기력과 낮잠과 권태와 싸웠네
이마에 깊은 주름살이 서도록
초조감과 조급성과 세월과 싸웠네
아무도 그 뜻을 헤아리지 못했네
그를 배치한 조직을 빼놓고는

백군에게 쫓겨 파국을 앞두게 된
홍군이 어느날 그곳을 지났네
뗏목지기 나서 뗏목을 준비했네
5년이 넘게 10년이 넘게
흰머리가 나도록 준비한 뗏목지기
뗏목 풀어 한꺼번에 대군을 살렸네

무기력과 낮잠과 권태와 싸운 끝에
초조감과 조급성과 세월과 싸운 끝에
대륙의 역사를 10년쯤 앞당겨 놓은
조직의 역사를 10년쯤 늘려놓은
뗏목지기 인생을 아는 사람 없었네
그의 청춘을 관리한 조직을 빼놓고는

김형수 시집 「가끔씩 쉬었다 간다는 것」 1991

중국 홍군의 대장정을 주제로 한 이 시는 당시 학생운동권이라면 가슴에 한 번씩은 품고 다녔던 맹세였다. 조직의 미래와 개인의 미래가 일치하지 않을 때마다 뗏목지기의 우직한 어리석음으로 각자의 꿈과 미래를 조용히 가슴에 묻었다. 조직의 지침과 방향이 곧 개인의 꿈이었다. 지금은 힘들고 의미 없어 보이는 분공(조직이 부여한 업무)이라도 묵묵히 조직을 믿고 따르면 언젠가는 뗏목지기가 홍군을 살려 혁명을 도왔듯 반드시 조직이 나를 귀하게 쓸 것이라는 믿음으로 청춘을 보냈다. 지금 생각하면 너무 아깝고, 귀한 시간들이었다.

1991년 냉전체제 해체 이후 궁지에 몰린 운동권들에게 필요한 것은 과학적이고 합리적인 이념과 사상보다는 어리석은 우직함이 필요했고 신영복은 이를 부추겼다.

3. 무감어수 감어인

나는 대학에 입학하면서 과학전문기자를 꿈꿨다. 과학과 글쓰기를 좋아했기 때문에 나에게 딱 맞는 직업이라고 생각했다. 그러나 대학에서 배운 대한민국은 과학 따위를 논하기에는 너무나 척박한 미국의 식민지 조국이었다. 신영복은 자유롭고 낭만적인 대학 생활을 꿈꾸었으나 식민지 조국의 현실과 맞닥뜨려 좌절한 나에게 이렇게 말했다.

대학은 기존의 이데올로기를 재생산하는 '종속의 땅'이기도 하지만 그 연쇄의 고리를 끊을 수 있는 '가능성의 땅'이기도 하기 때문입니다.

그러나 '자유와 낭만'은 그러한 것이 아닙니다. 자유와 낭만은 '관계의 건설공간'이란 말을 나는 좋아합니다. 우리들이 맺는 인간관계의 넓이가 곧 우리들이 누릴 수 있는 자유와 낭만의 크기입니다. 그러기에 우리들의 일상에 내장되어 있는 '안이한 연루'를 결별하고 사회의 역사와 미래를 보듬는 너른 풀을 키우는 공간이어야 합니다.

「나무야 나무야」(새 출발점에 선 당신에게)

수능특강에도 나오는 위의 글은 대학생이 된 나에게 '기존의 종속적 사고(미제국주의에 물든)'를 버리고 동지들과의 관계를 통해 사회의 역사와 미래를 보듬는 새로운 삶을 살라고 말했다.

후에 신영복을 대표하는 '관계론'에 관한 이야기였다. 즉, 개별 인간인 '나'에 대한 탐구보다는 나를 둘러싼 주변 사람들과의 인간관계 속에서 나를 찾으라는 말이다.

이같은 신영복의 생각은 신영복이 자주 쓰는 '무감어수 감어인(無鑑於水 鑑於人)'에 잘 드러나 있다.

진정한 지식과 정보는 오직 사랑과 봉사를 통해서만 얻을 수 있으며 사람과의 관계 속에서 서서히 성장하는 것인지도 모릅니다. 그것은 바깥에서 얻어올 수 있는 것이 아니라 우리의 삶 속에서 씨를 뿌리고 가꾸어야 하는 한 그루 나무인지도 모릅니다. 옛사람들은 물에다 얼굴을 비추지 말라고 하는 '무감어수(無鑒於水)'의 경구를 가지고 있습니다. 물을 거울로 삼던 시절의 이야기입니다만 그것이 바로 표면에 천착하지 말라는 경계라고 생각합니다. '감어인(鑒於人)', 사람들에게 자신을 비추어보라고 하였습니다. 사람들과의 사업 속에 자신을 세우고 사람을 거울로 삼아 자신을 비추어보기를 이 금언은 요구하고 있습니다. 사람들의 어깨동무 속에서 흔들리지 않는 바위처럼 살아가기를 요구하고 있습니다.

「나무야 나무야」(석양의 북한강에서)

나는 '무감어수 감어인'을 성경처럼 외우며 동지들의 비판에 마음 아파하며, 다른 사람들의 눈치를 보며 맘 졸이며 살았다. 우리는 일주일에 한 번씩 자비상비(자기비판, 상호비판) 시간이 있었는데 상호비판 시간에는 매서운 질타가 이어졌고, 무감어수 감어인의 마음으로 동지들의 비판을 감내했었다. 심지어 더 멋진 상호 비판을 미리 준비하기도 했다.

나는 기본적으로 개인주의적 성향이 강하고, 다른 사람의 평가에는 별로 신경을 쓰지 않는 타입이어서 그 시간이 무척 힘들고 곤

혹스러웠다. 결국 동지라는 이름으로 묶인 우리들은 각자의 꿈과 인생 따위는 조직을 위해 헌신짝처럼 버렸고 우리들의 마음속에는 '무감어수 감어인'이라는 주홍글씨가 새겨졌다.

4. 민중적 삶

돌이켜보면 20대의 순간순간이 쉽지 않았다. 옷매무새 하나, 말투 하나, 눈빛 하나까지 항상 평가의 대상이었고 비판의 주제였다.

한번은 학교에서 밤샘 회의를 하고 아침을 함께 먹을 때였다.

나는 원래 아침을 잘 먹지 않는다. 잠이 덜 깬 마른 입에 음식이 들어가는 것이 싫어서 중고등학교 때도 아침밥 때문에 엄마와 많이 싸우기도 했다.

그래서 다 같이 아침밥을 먹으러 가는 길에 "저는 아침 안 먹어요. 오실 때 요플레 하나만 사다 주세요."라고 부탁했다. 당시 학교 식당밥은 2천원 정도였고, 요플레는 350원이었기 때문에 문제가 되지 않을 것이라고 생각했다.

그런데 선배 하나가 "부잣집 딸내미 티 내냐? 왜 밥을 안 먹고 요플레를 먹냐?"며 호통을 쳤다. 30년 가까이 지난 지금도 그때를 생각하면 억울한 마음이 불쑥 올라온다. 그러나 당시에는 한마디 변명도 못 하고, 잘 삼켜지지도 않는 밥을 억지로 먹어야 했다.

소위 민중적 세계관의 편향이었다. 새벽부터 일어나 몸을 쓰는 노동을 하는 사람들에게야 아침밥이 중요할 터였다. 그러나 도시에서 태어나 평생 도시를 떠나본 적이 없는 나는 아침밥이 버겁고 부담스러웠지만 민중의 삶을 몸으로 체현해야 한다는 강박으로 억지로 삶의 태도를 바꿔야 했다.

신영복은 이런 편향을 이렇게 뒷받침한다.

> 머리 좋은 것이
> 마음 좋은 것만 못하고,
> 마음 좋은 것이 손 좋은 것만 못하고,
> 손 좋은 것이 발 좋은 것만 못한 법입니다
> 관찰보다는 애정이,
> 애정보다는 실천적 연대가,
> 실천적 연대보다는 입장의 동일함이
> 더욱 중요합니다
> 입장의 동일함
> 그것은 관계의 최고 형태입니다
>
> 「감옥으로부터의 사색」

이 글은 인텔리에 대한 우회적 공격이다. 지식 노동에 대한 일종의 경시다. 노동자, 농민의 삶 속에서 입장의 동일함을 가져야 사회를 바꿀 수 있다는 강경함이다.

이러한 태도가 결국 수많은 대졸자들을 공장으로, 농촌으로 향하게 만들었다. 그런데 정작 신영복 자신은 출소 이후 평생 글을 쓰며 살았다. 노동자도, 농민도 아닌 머리를 쓰는 교수, 문인의 삶을 살았다.

더불어 숲을 쓸 때는 세계를 여행하며 글을 썼다. 그의 사상에 경도된 청년들은 해외여행은 매국적 행위라고 생각하며 공장에서 선반을 돌리고 있을 때 말이다.

5. 변화의 시작

오래된 관성에 비해 변화는 생각보다 쉽고 빠르게 찾아왔다.

그날도 여느 날처럼 운전을 하며 출근길 신호를 대기하고 있었다. 갑자기 숨이 막혔다. 머리 속에서 여기서 그만두라는 신호를 계속 보냈다. 그 길로 차를 돌렸고, 홀린 듯이 집으로 돌아왔다. 내 인생 최초의 무단결근이었다.

특별한 일이 있었던 것은 아니었다. 다만 불혹의 나이를 앞두고 이제는 나를 위해서 살고 싶다는 생각들이 간간히 들었던 것도 같다.

집으로 돌아오는 길에 막히는 도로 위에 서 있는데 옆 차선에 경찰이 나를 계속 쳐다봤다. 무슨 일이냐고 물었더니 경찰이 내게 한 말은 지금도 잊혀지지가 않는다.

"차가 막혀서 다 짜증스러워하는데 너무 표정이 행복해 보여서요."

처음 느낀 해방감 같은 것이었을까? 20년 넘게 신앙처럼 믿었던 신념을 하루아침에 버린 그날 나는 갑자기 행복해졌다. 대단한 사상의 변화가 있었던 것도 아니고, 결심이 있었던 것도 아니다. 미래에 대한 계획을 바꿨던 것도 아니고, 누군가의 달콤한 속삭임이 있었던 것도 아니다. 동지와 조직을 위해 살아야 한다는 바윗돌 같은 믿음 위에 '나의 삶, 나의 꿈'이라는 물방울이 한 방울 한방울 떨어져 바위가 깨진 것이다.

6. 민중은 없다.

처음은 무료했다. 주말도 없이, 퇴근도 없이, 기계처럼 일하던 삶의 시계가 멈추고 나니 무료함이 찾아왔다. 그리고 이내 맞닥뜨린 현실은 참담했다. 나름 일 잘하기로 소문났던 나를 받아주는 곳이 아무 곳에도 없었다. 그때 처음 비로소 사회와 만났던 것 같다.

아는 선배가 아이들에게 수학을 가르쳐 보겠냐는 제안을 했고, 그나마 할 줄 아는 것이 수학 문제 푸는 것이라 아쉬운 대로 일단 한

달에 60만원을 받으며 수학 강사 아르바이트를 시작했다. 가난한 지역 아이들을 저렴하게 가르치는 소위 '운동권 감수성'이 살아 있는 학원이어서 양심의 가책도 덜 수 있어서 좋았다.

그리고 여전히 신영복은 나를 따라왔다.

> 성공은 그릇이 넘는 것이고, 실패는 그릇을 쏟는 것이라면, 성공이 넘는 물을 즐기는 도취인 데 반하여 실패는 빈 그릇 그 자체에 대한 냉정한 성찰입니다. 저는 비록 그릇을 깨뜨린 축에 듭니다만, 성공에 의해서는 대개 그 지위가 커지고, 실패에 의해서는 자주 그 사람이 커진다는 역설을 믿고 싶습니다.
>
> 「감옥으로부터의 사색」(비록 그릇은 깨뜨렸을지라도)

앞선 20년의 내 인생의 실패가 나를 더 큰 사람으로 만들어 줄 거름이 될 것이라 나를 위로했다.

그러나 세상은 내가 생각하는 그런 곳이 아니었다.

20년을 운동권으로 살았지만 나는 어쩌면 한번도 제대로 민중을 만난 적이 없었다. 내가 만난 민중은 투쟁하는 사람들이었고, 나는 그들을 도와주는 조력자였다. 삶의 이해관계가 얽히지 않는 피상적 관계였다.

학원에서 만난 민중은 내가 알던 그들이 아니었다. 그들은 이악스러웠고 탐욕스러웠다. 다른 학원에 비해 반값도 되지 않는 학원비를 떼어먹기 일쑤였고, 복지를 쇼핑하고 다녔다. 정부 지원을 받기 위해 재산을 감추기도 했고, 아이들을 하루 종일 맡겨놓고도 감사 인사는커녕 몇 푼 안 되는 원비에 대해 항의하기 일쑤였다.

우리에게 가난을 호소해 무료로 가르쳐 주면 아이는 그 돈으로 헬스장에 등록하는 일도 있었다. 심지어 정부 지원을 받으며 원비를 할인받던 학부모 한 명은 우리 몰래 수백만 원짜리 고액 과외를 시키고 있다는 것을 알게 되었다.

모든 가난한 이들이 다 나쁜 사람이라는 것은 아니다. 그러나 민중은 언제나 선하다는 나의 생각은 완전히 틀렸음을 몸으로 배우고 겪은 시기였다.

> 세월호의 참사는 하부의 평형수를 제거했기 때문입니다.
> 과적 증축 정원초과 등 상부의 과도한 무게에 비하여 하부의 중심이 허약하였기 때문입니다.
> 이러한 교훈에도 불구하고 여전히 상부를 증축하는 감시권력의 강화에 열중하고 있습니다.
> 사회의 경우도 다르지 않습니다. 하부의 중심이 든든해야 합니다. 하부는 서민들의 삶이며 그것을 지키려는 민중운동입니다. 이러한 서민들의 의지를 억압하고 상층권력을 강화하는 것은 평형수를 제거하고 또 다른 세월호를 만들어 내는 것입니다.
> 「처음처럼」

내가 그때 소위 민중을 몸으로 겪지 않았다면 나는 아직도 신영복의 말에 기대어 민중이 세상을 바꾼다고 믿었을지도 모르겠다.

'촛불이 이긴다, 깨어있는 시민이 세상을 바꾼다'는 말은 사실 모두 민중사관의 다른 말이다. 그들은 민주주의를 이야기하고, 공동체를 이야기한다. 그러나 막상 삶의 현장으로 돌아가면 누구보다 이기적이고, 비민주적이다.

학원에서 만난 모습을 예로 들어보자.

오늘은 촛불을 들고 거리에 서서 민주주의를 외치지만 내일은 아이의 의사 따위는 무시한 채 비인간적 학습량을 강요한다.

오늘은 거리에서 공동체를 외치지만 내일은 자신의 아이에게 특혜를 베풀어 줄 것을 요구한다.

그들을 비난하는 것이 아니다. 인간은 원래 선하지 않다는 것이다. 인간은 이해관계에 따라 움직인다. 자신의 욕망에 따라 사고한다. 자본주의는 개인간의 욕망이 사회적 부의 창출로 이어질 수 있도록 제도화된 시스템이다. 개인간의 자유가 충돌하지 않고, 합리적으로 작동하기 위한 시스템이 바로 민주주의 시스템이다. 자본주의를 비난한 신영복은 그래서 틀렸다.

욕망은 거세하고 비난해야 하는 것이 아니라 좋은 방향으로 북돋아 주어야 하는 것이다. 욕망을 억누르며 사는 삶은 지속될 수 없다. 20년 만에 차를 돌려야 했던 나처럼 말이다.

7. 개인과 집단

흔히 인간을 이성의 동물이라고 한다. 인간은 진화 과정에서 신체 기관 중 뇌를 집중적으로 발달시킨 종이다. 사실 인간 진화의 모든 과정은 결국 인간의 뇌가 고도화되기 위한 과정이었다. 사피엔스는 가장 지능이 높은 종이 되었다. 이 때문에 우리는 인간이 매우 이성적이고 합리적이라는 착각을 한다. 맑스가 꿈꾸었던 사회주의나 주체사상에서 말하는 자주적 인간이라는 것 모두 합리적인 인간을 전제로 하는 것이다.

그러나 인간은 합리적이지 않을 때가 훨씬 많다. 특히, 합리적인 개개의 인간이 군중이 되었을 때는 합리성을 상실하는 경우를 우리는 흔히 목격할 수 있다. 혼자서는 엄두도 못 낼 행동을 군중 속에서는 서슴없이 저지를 때도 있다.

신영복과 그를 존경하는 자들은 말한다. '투쟁하는 민중이 역사를 바꾼다'고⋯ 언뜻 들으면 당연한 말인 듯도 보인다.

그러나 역사를 돌이켜 보면 투쟁하는 민중이 역사를 바꾼 사례는 많지 않다. 군중심리라는 말이 있다. 군중은 개인으로서의 정체성을 상실하고, 집단의 일원으로 움직인다. 이성을 잃은 군중은 때때로 군국주의와 파시즘을 불러오기도 했다. 군중 심리는 이를 악용하려는 선동가와 연관지어 생각할 수 있다.

'내게 한 문장만 달라. 그러면 누구든 범죄자로 만들 수 있다'
괴벨스의 유명한 말이다.

프랑스 혁명 당시 귀족의 옷을 재단했다는 이유로 단두대 앞에 선 어린 재단사가 "내가 죽으면 혁명이 완성되느냐"는 물음을 던지는 장면을 보았던 기억이 있다. 그저 생계를 위해 일했던 어린 재단사를 귀족의 옷을 만들었다는 이유로 단두대에 매다는 행위는 합리적 개인이라면 도저히 할 수 없는 행동이다. 군중의 집단 광기로만 설명 가능한 이야기이다.

프랑스 혁명과 러시아 혁명 과정에 집단 광기로 희생된 개인에 관한 이야기는 셀 수 없이 많다. 그러나 혁명 정신을 찬양하는 가운데 그들의 이야기는 조용히 묻혔다.

이러한 역사적 평가 속에 주체사상은 지도와 대중의 결합을 주장한다. 혁명은 대중과 유능한 지도자(수령)가 만났을 때 가능하다는 이야기이다. 수령관을 사상의 핵으로 하는 주체사상과 인민민주주의의 만남은 어쩌면 필연적인 것일 수도 있다.

그렇다면 수령이 아니면 해법은 없는가?

그렇지 않다. 인간의 이러한 속성을 보완하고 개인의 자유가 최대한 보장될 수 있도록 만들어진 사회시스템이 바로 민주공화제이다. 국민이 직접 지도자를 선출하고 법치와 분권을 통해 권력기관이 서로 감시하고 견제하는 시스템이 민주공화제이다. 깨어있는 민중이 역사를 바꾼다는 착각으로 거리로 쏟아져 나와 무질서한 시위를 계속하는 것이 민주주의가 아니라는 뜻이다.

자본주의에 대한 오해도 많다. 맑스는 '자본주의는 노동자들의 잉여노동을 자본가가 착취하는 시스템'이라고 정의했다. 그러나 자본주의의 기원은 사실 종교개혁과 맥을 같이 한다. 신 앞에 평등한 모든 인간이 일을 통해 사유재산을 증식하고 사회적 성취를 이루는 시스템이 자본주의다.

사회가 고도화되면서 민주공화제도, 자본주의도 그 약점을 보이는 것은 사실이다. 그러나 그것은 연구하고 보완할 문제이지, 존재하지도 않는 이데아적 인간관을 기초로 한 사회주의가 대안이 될 수 없다는 것은 인류의 역사가 충분히 증명해 왔다.

자본주의에 대해, 민주주의에 대해, 우리는 얼마나 알고 있을까? 기회만 되면 촛불을 들고 거리로 쏟아져 나오는 이들은 인민민주주의와 자유민주주의의 차이를 제대로 알고 있을까?

신영복에 열광했던 그 때, 나 역시 인민민주주의자였다.

21세기에 범법자를 옹호하기 위해 촛불을 들고 거리로 몰려 나와 '대한민국은 민주공화국이다'라고 외치는 자기 모순은 아마 역사의 코미디로 남을 듯 하다.

8. 신영복을 넘어

운동권으로 살아온 20년, 세상을 새로 배운 10년.

내 인생에서 가장 중요한 인물 중 하나는 신영복이었다. 나뿐만 아니라 많은 이들에게 신영복은 인생의 스승이었고, 지금도 누군가의 스승일 것이다.

시대와 맞지 않는 낡은 사상을 지키며 살아가는 이들에게는 우직한 어리석음의 표상으로,

삶은 최첨단 자본주의에 두고 악세사리처럼 진보를 들먹이는 이들에게는 고해성사를 들어주는 신부처럼,

안정적인 직장과 노후 걱정 없는 부를 챙겨둔 채 치열함을 조롱하며 한가롭게 세상 걱정을 하는 이들에게는 지적 안식처로….

그는 여전히 우리 곁에 남아 있다.

신영복의 책 「감옥으로부터의 사색」이 출간된 것은 1988년이다. 그리고 1989년 성공회대 교수가 된 신영복은 이후 「나무야나무야」, 「더불어숲」 등 왕성한 저술활동을 시작했다.

신영복의 본격적인 활동이 시작된 1989년 한 권의 책이 출간되었다. 이제는 고인이 된 대우그룹 김우중 회장의 「세계는 넓고 할 일은 많다」이다.

김우중 회장에 대한 평가는 다양하게 엇갈릴 수 있겠지만 그가 제시했던 세계 경영의 기치는 아직도 우리 사회 곳곳에 남아있다.

김우중과 신영복, 두 사람의 생각을 비교해 보는 것으로 이 글을 마치려고 한다. 세계를 경영하라던 기업가 김우중과 감옥에서 막 출감해 세상을 관조하던 선비 신영복, 20세기 말 우리에게 필요한 사상은 무엇이있는가, 판단은 각자의 몫이다.

세계화라는 도도한 이데올로기 도처에 그 예봉을 겨누고 있는 모습을 만날 때 더욱 그렇습니다. 21세기를 지구촌의 시대로 단정하고 서둘러 세계를 만나기 위해 나서고 있는 젊은이들의 모습도 마찬가지였습니다. 숨 막히는 산업사회의 질곡 속에서 지친 심신을 달래기 위하여 떠나온 관광객들의 경우도 안타깝기는 마찬가지였습니다. 결과적으로 세계화 논리의 전령이 되고 있거나 질곡의 외연을 확대하고 있는 것이라면 그것은 참으로 역설이 아닐 수 없습니다.

「더불어숲」(서문)

선진국 세대가 되는 젊은이들에게 나는 또한 세계를 향해 눈을 뜨는 세계 지향의 인간이 되라고 충고한다. 이 좁은 땅덩어리에서 아옹다옹하는 것은 우물 안의 개구리나 마찬가지이다.
높은 데 올라가서 아래를 내려다보면 세상은 얼마나 넓은가? 우리가 사는 땅덩어리는 그에 비해 또 얼마나 초라한가? '높이 나는 새가 멀리 본다.' 세계에 나가 보면 안목이 훨씬 넓어지고 편협한 이기주의를 극복할 수 있게 된다.

「세계는 넓고 할 일은 많다」

두 사람의 세계를 바라보는 관점은 상반된다. 신영복은 세계화를 젊은이를 갉아먹는 질곡이라고 바라본 반면 김우중은 세계는 우리 젊은이들이 나아가야 할 방향이라고 바라봤다. 이러한 김우중의 태도는 그의 이런 말속에 잘 녹아 있다.

"나는 개발도상국 대한민국의 마지막 세대가 될 터이니 너희들은 선진 대한민국의 첫 세대가 되라."

그에게 세계는 선진 대한민국의 기틀을 닦는 도전의 장이었고, 그 자신은 세계 속의 대한민국을 누빌 청년을 위한 마중물이 되기를 자처했다. 이러한 두 사람의 차이는 꿈에 대한 생각에서도 드러난다.

꿈은 암흑을 요구하는 어둠의 언어입니다. 꿈이란 한 개를 보여줌으로써 수많은 것을 보지 못하게 하는 몽매의 다른 이름이기도 합니다. 그것은 아메리칸 드림 뿐만 아니라 모든 꿈이 내장하고 있는 구조입니다. 명(明)과 암(暗), 극소(極少)와 대다(大多)가, 심지어는 무(無)와 유(有)가 무차별하게 전도되는 역상의 구조입니다. 안타까운 것은 그러한 구조가 꿈의 세계가 아닌 우리의 현실에 깊숙이 들어와 있다는 사실입니다.

「더불어숲」 (아메리칸 드림)

역사는 꿈꾸는 자의 것이다.

꿈은 환경을 바꾸고 세계를 바꾸는 원동력이다. 꿈이 있는 사람, 꿈을 키우는 사회, 꿈을 공유하는 민족은 세계사의 주인공이 될 수 있다. 세계를 움직이는 인물 가운데 꿈이 없는 젊은 시절을 보낸 사람이 있을까?

젊은이에게 꿈과 희망을 심어주지 않는 나라가 어떻게 세계를 이끄는 힘 있는 나라가 될 수 있을까? 미국은 200년밖에 안 된 짧은 역사를 가진 나라이지만 지금 세계사의 방향을 좌우하고 있다. 그 원동력이 원대한 꿈을 심어 주었던 초기의 프론티어 정신이었음을 우리는 잘 알고 있다.

「세계는 넓고 할 일은 많다」

연장선상에서 신영복은 '역사를 배우지 말고 역사로부터 배우라' 고 청년들에게 조언한다. 반면 김우중은 '역사는 꿈꾸는 자의 것'이 라고 강변한다. 역사를 중요하게 여기고 역사의 교훈을 찾으라는 신영복과는 달리 김우중은 이제부터 청년의 꿈으로 역사를 만들라고 조언한다. 때문에 역사적 사실에 대한 해석도 달라진다.

콜럼버스의 출항은 본격적인 식민주의 역사의 시작을 알리는 신호였습니다. 식민지에서 수탈한 부와 이 부를 원시축적으로 하여 이룩한 산업혁명의 신화가 현대사의 신념 체계라면 콜럼버스는 아직도 살아 있다고 해야 합니다. 그리고 식민주의의 가장 큰 특징이 자기와 똑같은 동류(同類)를 만들어 내는 것이라면 그리고 자기를 추종하게 하는 것이라면 이 곳은 지중해를 벗어난 유럽의 시작이면서 동시에 세계화 논리의 출발 지점입니다.

「더불어숲」 (콜럼버스는 왜 서쪽으로 갔는가)

개척자에게는 위험이 따른다. 그것은 어쩔 수 없다. 아무도 가지 않았기 때문에 길이 만들어져 있지 않은 땅을 그들은 가야 한다. 개척자에게는 더러 욕을 하는 사람이 있을 수 있다. 아무도 하지 않았던 일을 그들은 시도하려고 한다. 어떻게 욕이 따르지 않겠는가? 그러나 개척자는 그러한 위험과 비난에 움츠러들 사람이 아니다. 개척자가 위험을 무릅쓰고 아무도 가지 않았던 미지의 땅에 길을 만들고, 아무도 해내지 못했던 일에서 성과를 거두었을 때 사람들은 개척자를 칭송할 것이다.

「세계는 넓고 할 일은 많다」

신영복은 콜럼버스의 항해를 식민주의 역사의 시작으로 봤고, 김우중은 개척자의 삶에 초점을 맞췄다. 김우중은 '콜럼버스의 역사적 평가는 엇갈리는 측면이 있지만 그의 개척자 정신은 배워야 한다'고 말하고 있다. 설사 비난이 있더라도 미지의 땅에 길을 만들라고 조언하고 있다.

이러한 관점은 경제에 대한 두 사람의 시선에서 드러난다.

신영복에게 선은 무소유이며, 김우중에게 선은 소유를 넘어선 성취이다.

> 무소유는 간디경제학의 기본원리이며 근대경제학에 대한 강한 비판 이론입니다. 필요하지 않은 것은 소유하지 않으며 쌓아두지 않아야 한다는 그의 무소유 이론은 거대 자본의 전횡을 포위할 수 있는 비폭력 불복종 투쟁이 경제학적 변용이면서 새로운 세기의 문명론일 할 수 있습니다. 그에게 있어서 '진보는 삶의 단순화'이기 때문입니다.
>
> 「더불어숲」(간디의 물레소리)

나의 노력과 일의 대가가 알량한 몇 푼의 소유물이 아니다. 그것을 위해서만 남들처럼 쉬지도 못하고 일 중독자처럼 뛰어 다닌 것이 아니다. 정말이다. 내게는 다른 사람이 못 느끼는 기쁨이 있다. 그것이 바로 '성취감'이라고 하는 것이다.

나는 훗날에 '돈을 많이 번 사람'으로 평가받고 싶지는 않다. 그런 평가는 내게 대한 찬사가 아니라 모욕이다. 오죽 칭찬할 것이 없으면 돈을 많이 낸 것을 칭찬할까?

나는 정녕 '성취인'으로 평가 받기를 원한다. 소유는 유한하지만 성취는 영원하다는 것을 믿기 때문이다.

「세계는 넓고 할 일은 많다」

경제에 대한 두 사람의 다른 입장은 인간관에서도 보여진다. 신영복은 경쟁에 대해 부정적 입장을 취하며 어리석은 사람이 되라고 조언한다. 반면 김우중은 역사를 이끄는 창조적 소수가 되기 위해 경쟁하며 성장하라고 말한다.

현대사회에서 평가되는 능력이란 인간적 품성이 도외시된 '경쟁적 능력'입니다. 그것은 다른 사람들의 낙오와 좌절 이후에 얻을 수 있는 것으로, 한마디로 숨겨진 칼처럼 매우 비정한 것입니다. 그러한 능력의 품속에 안주하려는 우리의 소망이 과연 어떤 실상을 갖는 것인지 고민해야 할 것입니다.
그러나 역설적이게도 세상은 이런 어리석은 사람들의 우직함으로 인하여 조금씩 나은 것으로 변화해간다는 사실을 잊지 말아야 한다고 생각합니다.

「나무야 나무야」 (온달산성의 평강공주)

창조적인 사람이 되어야 한다. 역사와 사회의 수레 바퀴를 발전과 진보와 행복을 위해 굴릴 수 있는, 창조적인 일꾼이 되어야 한다. '창조적 소수'는 어찌해야 하는가? 창조적 인물이 되기 위해 우리는 어떻게 살아야 하는가? 창조적인 사람은 기회주의나 방관주의에 물들어선 안 된다. 더욱이 패배주의 따위에 빠져 있어서도 안되다. 적어도 이 나라와 민족의 역사를 위해 그리고 더 나아가 인류의 역사를 위해 무엇을 하며 어떻게 이바지할 것인가를 설계하는 넓은 시야를 가져야 한다.
창조적 소수는 역사의 진보를 믿는다. 역사의 수레 바퀴는 그러한 소수의 창조적 인물들에 의해 진보와 발전의 가속도를 얻게 된다.

「세계는 넓고 할 일은 많다」

결국 신영복은 가장 안전한 자리인 중간을 찾아가라고 하지만 김우중은 어떤 분야에서든 1등이 되라고 격려한다.

나는 당신의 수능시험 성적 100점은 그야말로 만점인 100점이라고 생각합니다.
그것은 당신과 함께 고등학교를 졸업한 67만 5천 명의 평균점수입니다.
당신은 친구들의 한복판에 서 있다는 것을 잊지 말아야 합니다.
중간은 풍요한 자리입니다.
수많은 곳, 수많은 사람을 만나는 자리입니다.
그보다 더 큰 자유와 낭만은 없습니다.

「나무야 나무야」 (새 출발점에 선 당신에게)

1등을 하려고 애써라. 이래도 좋고 저래도 좋고 뒤처져도 상관없고 앞서는 것에 별로 흥미없는, 그런 우유부단한 사람이 되지 말라. 목표는 언제나 1등이다. 1등을 목표로 최선을 다하라. 그러면 최선을 다한 만큼 그 대가를 받게 될 것이다. 어떤 분야에서든 1등을 차지한 사람은 으뜸이 되고자 최선을 다해 노력한 사람이라고 나는 믿고 있다. 그저 놀면서 대충해서 1등을 한 사람은 아무도 없다.

「세계는 넓고 할 일은 많다」

'중간만하면 된다'는 것은 실패에 대한 위로인 반면, '최고가 되라'는 말은 최선을 다하려는 자에 대한 격려이다.

위로와 격려 중 21세기 대한민국에 필요한 것은 무엇일까?

세계 역사에 유례없는 성장을 이뤄낸 대한민국에게는 위로가 아니라, 격려가 필요한 것이 아닐까?

20대의 청춘, 유례없는 성장과 기회가 주어졌던 나에게 필요한 조언은 무엇이었을까? 신영복의 말처럼 경쟁이 비인간적이라면 경쟁 없는 삶은 어떻게 가능할까? 인류 역사에서 경쟁이 없었던 역사가 한 줄이라도 존재했을까?

모두가 경쟁을 피해 나와 사회의 발전을 모두 포기하고 무기력

증에 빠졌다면 신영복은 세계를 여행할 수 있었을까?

　나는 이제 20대에 접어든 아들에게 신영복의 책이 아닌 김우중의 '세계는 넓고 할 일은 많다'는 책을 선물했다. 건강하게 경쟁하고, 자신이 하는 일에서 1등이 되기 위해 치열하게 노력하고, 세계를 무대로 자신의 꿈을 역사로 만들어갈 청년이 되었으면 하는 바람에서…

'촛불이 이긴다, 깨어있는 시민이 세상을 바꾼다'는 말은 사실 모두 민중사관의 다른 말이다. 그들은 민주주의를 이야기하고, 공동체를 이야기한다. 그러나 그들이 말하는 민주주의가 인민민주주의의 한 모습이라는 것을 제대로 알고 있는 이는 몇이나 될까?

그가 '전향'했다고? 그가 '따뜻한 인문학'을 설파하는 '시대의 스승'이라고? 그런 구린내 진동하는 자폐적 세계관을 가진 우상을 섬길 바에 차라리 아이돌 팬덤에 가입하는 게 훨씬 재밌고 생산적인 일일 테다.

1장

20대 청년의 물음
"신영복을 존경하시나요?"

박민형

20대 청년

1. 신영복을 논하기에 앞서…

신영복에 대한 이야기를 하기 전에, 이 책을 읽게 될 분들께 몇 가지 질문을 던지고 싶다.

당신은 한국이 외세에 종속되어 민족 통일의 염원을 이루고 있지 못하는, 소위 '근본' 없는 국가라고 생각하는가?

당신은 자본주의라는 경제 체제 속에서 철저히 상품과 개발 논리에 억눌려 있는가?

자본주의 체제에서 이기적이고 파편화된 개인으로 살면서 '소외'

당하고 있는가?

　당신은 수구 보수 세력과 외세가 영합하여 만든 철옹성 같은 구조 속에 갇혀 답답함을 느끼고 있는가?

　아마 어떤 사람은 그게 말이 되는 소리냐며 언짢아할 것이고, 또 어떤 사람은 그게 무슨 엉뚱한 소리냐면서 의아해할 것이다. 그럼 질문을 조금 다르게 바꿔서 던져보겠다.

　당신은 식민지 시절을 '일제강점기'라고 부르고 있는가?
　당신은 독립운동가를 추적하고 심문한 일제 관료와 경찰에 대해 악감정을 갖고 있는가?
　당신은 통일을 이루지 못한 분단의 현실을 가슴 아프게 여기고 있는가?
　당신은 군부 독재 세력이 집권함으로써 한국이 퇴행했다고 믿고 있는가?
　당신은 〈암살〉, 〈1987〉, 〈군함도〉 등의 영화를 보고 깊이 감복한 기억이 있는가?
　당신은 아베는 우경화 된 일본을 대표하는 인물이고, 여전히 한국의 의사결정집단에는 상당 수의 친일파가 개입하고 있다고 생각하는가?

이렇게 질문을 바꾼다면 아마 동의하는 사람이 의외로 상당히 많을 것이다. 이성적으로 판단하면 뭔가 불편함이 느껴진다 하더라도, 위의 질문들에 긍정 대답을 하는 것이 감정적으로는 편안할 수도 있다. 그런 당신은 아마 신영복이 가진 사상, 그가 보여주는 어휘와 내러티브에도 쉽게 동감할 확률이 높다.

물론 당신만 그랬던 건 아니다. 나 또한 당신처럼 위 질문들에 쉽게 호응했던 시기가 있었다. 박근혜 정부 때 발생한 역사교과서 국정화 파동이나 탄핵 정국을 보면서, 10대 이후에 소비했던 수많은 문화 콘텐츠를 보면서, 나 역시 보수 진영에 왠지 모를 반감으로 친일파와 외세가 깊숙이 개입했던 해방 정국에 불편함을 느끼고, 독재 정권에 저항했던 민주화 내러티브에 눈물을 적시곤 했었다.

하지만 세상은 그리 간단한 논리로 규정하는 곳이 아니었다. 많은 사람들은 한국이란 공동체를 친일/반일, 독재/민주화, 자유민주주의/공산주의 등의 몇 가지 기준으로 간단히 나눠서 판단하려 하지만, 그런 단순한 접근만으로는 한국에 대한 종합적인 이해가 불가능해진다.

가령, 친일파의 기준은 정확히 어떤 것인가? 당시 일본 제국이 깔아놓은 사회적 인프라와 교육 제도 속에서 조금이라도 수혜를 받은 사람이라면, 그 어떤 사람도, 집안도, 친일 문제에서 자유로울 수 없다. 일례로 사법부의 독립 문제를 놓고 이승만 대통령과 사사건건 대립했던 故김병로 초대 대법원장은 식민지 시절 독립운동가를 무료 변론했던 인물이었다. 하지만 그 역시도 일본의 메이지대학 법학과에서 수학하며 법관이 되기 위한 준비를 했었다. 그럼 일본에서 수학한 김병로는 초대 정부의 사법적 기틀과 삼권분립을 위해 헌신하고, 독립운동가를 변론한 경험이 있음에도 친일파가 되는 것인가? 친일파 딱지를 붙여 근현대사의 복잡한 속성과 구조를 획일화하는 것이 옳은 행위인가?

　1960년대 이후 들어선 군부 정권을 쿠데타와 독재를 이유로 쉽게 평가 절하 하는 경향도 마찬가지다. 해방 이후 미군정이 들어서며 현재 국군의 모체가 되는 조선국방경비대가 설립됐고, 적잖은 한국인 장교들이 해외 유학의 기회를 얻었다. 김종필, 전두환 같은 거물급 군인 정치인들이 다 그런 유학 과정을 거쳤다. 그러면 왜 미국은 한국의 군부 집단을 집중적으로 양성했는가? 그것은 '냉전'이라는 이념전쟁 구도가 첨예해지던 국제 정세와 거기서 영향을 받아 좌우가 이념으로 나뉘어 극단적으로 대립하던 국내 정세를 빼놓고는 제대로 논할 수 없다. 민족 통일과 민주주의라는 가치에만 매몰되면, 그런 복잡한 정세를 들여다 볼 수 없고, 정세를 분석하지 못한 채로 이상적인 가치에만 집착하면, 냉혹한 현실 앞에서 좌절하기 십상이다. 만약 미군정이 남한을 접수하지 않고 건국준비위원회가 남한 정국을 주도했다면, 적화통일을 위한 김일성 측의 침공을 남한 조선인들이 잘 막아낼 수 있었을까? 군부 정권 시절에 수립되고 진행된 여러 정책과 정책 결과물이 없었다면 지금의 한국 사회가 존재할 수 있었을까?

이렇듯 수많은 면으로 구성된 공동체의 역사와 형성 과정을 단순한 기준 몇 가지로 재단하면, 거기서 발생하는 수많은 의문과 모순을 감당할 수 없게 된다. 하지만 여전히 한국 사회는 그런 의문과 모순을 외면한 채, 듣기 좋은 단순한 관점과 구호 몇 가지에 갇혀 여러 현안을 판단한다. 심지어, 그런 편협하고 협소한 시각을 기반으로 국가 정책을 만들고 집행한다. 특히 문재인 정부가 집권 내내 일관되게 보여준 반일기조가 그러했고, 미중 갈등이라는 아주 중요한 대외 변수를 충분히 고려하지 않은 대북 정책이 그러했으며, 민주화 운동을 성역화하고 반대 진영의 목소리를 전혀 듣지 않는 소통 방식이 그러했다. 문재인 정부가 그런 정책 기조를 일관되게 보여준 끝에 국민들은 반으로 갈라졌고, 공동체 안정과 발전을 위한 발전적인 소통의 장은 사라졌다.

이후에 언급하게 되겠지만, 나는 그런 문재인 정부의 실정과 불통을 목격하면서, 정부의 주요 인사들과 지지자들이 어떤 과정을 통해 그런 세계관을 체득하게 됐는지 호기심을 갖게 됐다. 그래서 문재인 정부를 구성하고 있는 주요 세력인 '운동권 집단'에 대한 정보와 자료를 찾기 시작했고, 그런 과정을 거치면서 운동권 세력의 사상적 토대에 '신영복'이라는 거대한 우상이 자리하고 있음을 점차 알게 됐다.

하지만 이것만으로는 신영복을 공부할 이유가 되지 않는다. 혹자들은 사상적 원류라고 하면 리영희, 백낙청, 박현채 등 다른 이들도 많은데 왜 굳이 신영복이냐며 반문할 수 있다. 그러나 신영복은 그의 존재보다도 더 중요한 것을 남기고 죽었다. 바로 그가 남긴 '말'과 '글'이다. 비유하기엔 부적절할지 모르겠지만… 서양 문명의 사상적 기반을 알기 위해 그리스로마 신화와 성경을 탐구하는 것처럼, 현재 한국의 주류 진영으로 성장한 운동권 세력과 좌파 진영을 이해하기 위해선 신영복이 남긴 말과 글을 이해하는 것이 중요하다. 그의 말과 글로 구성된 세계관이 곧 운동권 인사, 좌파 진영을 구성하는 지지자들의 세계관의 원본이기 때문에.

그래서 신영복은 이미 죽어서 사라졌을지라도, 그가 남긴 말과 글이 여전히 강력한 힘을 발휘하고 있으며, 그 힘의 발산이 공동체의 지성에 크나큰 몰이해를 가져오고 있기에, 신영복을 이해하는 것은 여전히 중요한 작업이라고 할 수 있겠다. 현재 한국은 고사성어로 비유하자면 사공명주생중달(死孔明走生仲達)°과 같은 상황이다. 죽은 제갈공명이 산 사마중달을 쫓아낸 것처럼, 죽은 신영복이 남긴 말과 글이 여전히 한국 공동체의 건전한 담론 형성을 가로막는 좀비 바이러스처럼 기능하고 있기 때문이다.

- ° 죽은 제갈 공명이 산 중달을 도망치게 한다는 뜻으로, 죽은 뒤에도 적이 두려워할 정도로 뛰어난 장수 또는 겁쟁이를 비유한 말.

2. 신영복을 처음 알게 됐던 계기

신영복은커녕 정치문제에도 큰 관심이 없던 고3 시절, 나는 학교에서 마련한 모의 면접에서 강도 높은 피드백을 받고 침울한 상태에 있었다. 평소에 내게 좋은 말씀과 조언을 건네주시던 국어 선생님께서 침울해 있던 내게 위로하는 내용의 쪽지와 함께 책 한 권을 건네주셨다.

'무슨 책이지?' 하고 제목과 저자를 보니 '신영복'이라는 사람이 쓴 「청구회 추억」이었다. 쪽지에는 "네가 가진 따뜻한 마음씨와 교육자가 되고 싶은 진심이 신영복 교수가 말하는 메시지와 분위기와 잘 어울린다며 읽어보길 추천한다"는 내용이 담겨 있었다. 누군가에게 책을 선물 받는 일이 흔한 일은 아니었기에 여전히 인상 깊은 일로 남아 있다. 그게 바로 내가 신영복을 알게 된 첫 순간이었다.

신영복은 1968년 7월 통일혁명당 사건으로 구속된 후, 육군군법회의에서 사형을 언도받고 남한산성 육군교도소로 이송됐다. 수감 생활 이전의 그는 장충체육관에서 청구회 아이들과 만나면서 시간을 보냈던 것으로 보인다. 사형을 언도받고 공허함에 사로잡혀 있던 그가 자신을 기다리고 있을지도 모르는 청구회 아이들을 생각하면서 쓴 이야기가 바로 「청구회 추억」이다.

선물 받고 난 뒤 두어 번 정도 읽어봤다. 아이들과의 순수하고도 따뜻한 교감을 담은 내용이었던 걸로 기억한다. 그 책을 선물 받았을 때만 하더라도 선생님에 대한 감사함과 책의 따뜻한 내용만 눈에 들어왔지, 신영복이 어떠한 사상과 행적을 가진 인물이고, 어떠한 이유로 수감됐는지는 전혀 알지 못했다.

더군다나 내가 고3을 보낸 2017년은 박근혜 전 대통령이 탄핵당하고 문재인 정권이 막 들어선 시기였다. 사회적 분위기나 학교 분위기에서도 문재인 정부와 민주당에 대해 우호적이었고, 진보 계열 지식인 중에 영향력이 크다고 알려진 신영복에 대해서 거부감 느낄 만한 이유가 딱히 없었다. 두 사건을 계기로 문재인 정권을 구성하고 있던 운동권 인사들의 계보를 본격적으로 탐구하기 전까진 말이다.

3. 한일분쟁과 조국사태가 불러온 운동권에 대한 궁금증

보통 요즘 청년 세대는 종이책과 문사철을 기피하는 경우가 많지만, 나는 종이책과 문사철을 너무 사랑하는 청년이다. 이미 초등학교 때부터 역사에 관심이 많은 편이었고, 특히 2015년 역사교과서 국정화 사태를 계기로 한국 현대사와 정치에 대해 호기심을 느끼고, 국정교과서를 주도한 박근혜 정권을 이해하고자 여러 가지 기사와 자료를 찾아보곤 했다.

본래 박근혜 정권을 이해하기 위한 차원에서 시작했던 공부는 점점 현재 한국 보수 진영의 원류로 여겨지는 박정희 정권에 대한 탐구로 이어졌다. 고등학교 야간 자습 시간에 시험 공부에 집중이 안 될 때면 박정희 정권과 관련된 서적과 자료를 탐독하면서 시간을 보내곤 했다. (주로 강준만 교수의 「한국 현대사 산책」시리즈, 김충식 기자의 「남산의 부장들」, 오늘날 한국학중앙연구원의 전신인 한국정신문화연구원에서 발간한 「한국 현대사 재인식」시리즈를 주로 참고했었다.)

그러나 2016년 말 최순실 게이트가 터지며 탄핵 정국이 급속히 조성되고, 탄핵 소추가 인용되고 새로운 정부가 들어섰다. 표면적으로는 정치 갈등이 불식된 것처럼 보였으니 나도 더 이상 정치 문제나 현대사에 관심을 가질 요인이 줄어들었고, 점점 정치와 멀어지게 됐다.

그리고 맞이한 2017년 여느 또래와 같이 고3 입시지옥을 통과하느라 정신이 없었고, 잠깐의 재충전 이후 2018년은 대학에서 새내기로 적응하기 바빴다. 대학교 재학 중에도 손에서 책을 놓진 않았지만, 현대사에 관심을 다시 가질만한 계기가 없었기에 현대사 관련 서적이나 자료를 탐독할 기회는 딱히 없었다. 그러다 2019년을 맞았고, 휴학 생활을 잠깐 즐기다 5월 28일 자로 입대했다.

사단 신병교육대에서 한 달 여간의 훈련을 마치고 수료를 할 즈음에, 세상 밖은 꽤나 시끄러워지고 있었다. 수료하고 자대 배치 받은 7월 초에는 일본에서 한국에 대한 수출 규제 조치를 내리면서 한일관계가 급속히 냉각되고 있었다. 그 다음 달인 8월에는 당시 조국 전 법무부장관 일가에 관한 입시 비리, 사모 펀드 관련 범죄 의혹이 터지면서 국내 정치도 혼란 속으로 빠져들고 있던 시기였다.

그 두 사건은 이제 막 자대 배치를 받은 신병인 나에게 큰 충격을 가져다주었다. 충격의 이유에는 두 가지가 있었다. 첫째는 당시 집권당이었던 민주당이 소위 '죽창가'를 부르며 반일감정을 국내정치에 적용했던 점이었고, 두 번째는 그런 죽창가의 선두에 한때 차기 대권 주자이기도 했던 조국 전 민정수석이 각종 비리와 범죄 의혹에 위선과 내로남불로 대응했다는 점이었다. 탄핵 정국 때 조성된 '촛불 민심'을 등에 업은, 정부 출범 이후 과반 이상의 국민적 지지를 받던 정당이, 극단적인 반일감정과 위선을 무기 삼아 정국을 뒤흔드는 모양새는 참으로 기괴했고 실망스러웠다.

당시 집권 세력이었던 민주당의 극단적이고 위선적인 모습을 지켜보면서, 나는 집권 세력의 중심부에 자리한 인사와 집단의 내력과 정체성에 대해 큰 궁금증을 품고, 그들의 행태에 대한 문제의식을 갖게 됐다. 그 문제의식은 나로 하여금 국정교과서 사태를 계기로 박근혜 정권과 박정희 정권을 공부하게 했던 것처럼 문재인 정부를 구성한 소위 '운동권' 세력에 대해 공부하게 만들었다.

하지만 문제는 보수 진영의 형성과 내력에 비해 진보 진영의 그것을 다룬 자료들은 자료의 절대적 양부터 부족하다는 것이 문제였다. 그나마 강준만 교수의「한국 현대사 산책」시리즈 같은 저서에서 운동권에 관한 파편적인 정보를 찾는 게 전부였다.

그러다가 문득 든 생각. "운동권의 역사도 한국 현대사의 일부인데 이렇게까지 운동권을 조명한 자료가 없을 수 있나?" 가령, 우파 진영은 이승만-박정희-전두환-노태우에 이르기까지 정권 핵심 인사들의 회고록부터 전문 기관의 학술서, 진보 진영에서의 비판적 시각에서 다룬 저서 등을 쉽게 찾아볼 수 있다. 그런데 진보 진영을 구성하는 핵심 세력이었던 운동권 세력에 대해서는 이렇다 할 대표 저서나 자료가 떠오르지 않는다. 정말 이상하지 않은가.

문제의식과 탐구욕에 비해 부족한 정보량으로 아쉬워하던 찰나, 운동권에 관한 실마리를 제공해줄 만한 소스를 찾을 수 있었다. 바로 민경우 대안연대 대표가 新동아에 기고하던 '586 칼럼' 등 언론사 칼럼과 유튜브 등에 공개된 운동권에 관한 콘텐츠 등이 그것이다. 그런 자료는 그동안 접근하기 어려웠던 운동권 세력의 기원과 형성에 관한 주요 맥락과 배경 지식을 제공해 주었다.

또한, 그 자료는 그동안 잊고 있었던 인물을 내 기억 속에서 부활시켜 주었다. 그 인물은 바로 '통일혁명당' 사건의 주범이자 한국 좌파의 대부였으며, 그리고 오늘날 운동권과 같은 시간대를 공유한

4050세대에서 대단히 존경 받는 인물인 '신영복'이었다.

4. 운동권의 실체를 탐구하기 시작하다

운동권에 대한 공부를 시작하면서, 솔직히 여러모로 착잡하고 황당한 감정을 감출 수가 없었다. 그들이 갖고 있는 사상과 세계관이 내 생각보다 훨씬 위험하기도 했고, 또 개인적으로도 존경할 뿐만 아니라 그중에 유명한 인사의 책이나 콘텐츠를 여태껏 별 생각없이 소비했던 과거가 부끄러운 탓도 있었다. 특히 오늘날 한국 출판 시장과 정치평론 분야에서 강력한 영향력을 발휘하는 유시민 같은 인사나, 문화예술계에서 나름대로의 팬덤을 구축하고 누가 들어도 알만한 곡과 영화를 만든 가수, 배우들의 이름을 확인 할 때마다 당혹감을 감추기 어려웠다.

또한 정치권의 메시지도 충격적이었다. 어떻게 민정수석 정도의 위치에 있는 사람이 SNS에 '죽창가'를 부르짖고, 여당의 선거 메세지가 '이번 총선은 한일전' 일수가 있나? 소위 좌파, 운동권, 진보 진영의 인사들, 지지자들의 인식 양태도 마찬가지다. 그들의 세계관과 언어를 보고 있으면 생기는 의문점이 한 두 개가 아니다.

과거에 식민지 정부와 군부 정권에 참여하긴 했지만, 한국의 근대화와 경제 발전 과정에 있어서 일본과 미국에서 수학하고 영향을 받은 군인, 관료, 기업가들의 공적을 쉽게 폄하하고 무시해도 되는 것인가?

미국과 일본의 존재와 역할이 없었다면, 과연 독립운동만으로 해방이 이뤄질 수 있었을까?

상대 진영 사람들에게 '빨갱이'라는 낙인을 찍는 것만큼이나 '친일파'라는 낙인을 찍는 것은 옹호 받을 수 있는 행위인가?

신영복의 경우에는 유시민 만큼 잘 알고 있던 사람은 아니였지만, 존경하는 선생님으로부터 그의 책을 선물 받기도 했었고, 또 그가 저술한 「강의」 같은 책으로 동양철학을 잠깐이나마 훑어봤던 기억이 있었기에 적잖은 충격을 받았다. 도대체 내가 알고 있던 인사들의 모습이 어디까지가 진짜고, 어디까지가 가짜인 것인가. 한국의 네이션 빌딩 과정을 제대로 인정하지 않으며, 북한과 소련 등의 공산주의 국가에서 정통성을 찾는 데다, 지금까지도 한국 사회를 여전히 미제(미국 제국주의)와 친일파 세력이 지배 세력으로 군림하고 있는 식민지와 같다는 세계관을 공유하는 사람이 이렇게 많았다니. 또 그렇게 사회적으로 영향력 있고 유명한 인사들이 그런 세계관에 물들어있거나, 혹은 그런 세계관을 소유한 이들과 친밀한 자가 그리도 많았다니.

특히 이번 원고 집필을 위해 신영복에 관한 여러 자료를 찾아보면서, 그의 세계관이 지닌 지나치게 관념적이고 사변적이며, 그 낡고 구린 속성에서 놀라움을 감출 수 없었다. 특히 그런 그의 세계관을 한 데 응축해놓은 대담집인 「손잡고 더불어」라는 책에서 본 용어들이 아직도 기억에 선하다. 예를 들면, 아래와 같은 용어들 말이다.

탈근대, 반미, 동양 철학, 새천년, 더불어 함께, 신식민지독점자본주의, 연기론, 생명존중, 하방연대, 상방연대, 협동조합, 주체성, 일상 진지, 집단 이기주의 탈피, 억압 구조, 품성화, 상품미학…

그런 용어를 쓰면서 미국 일변도의 세계질서를 대체할 새로운 21세기를 꿈꾸고, 자본주의와 개인주의로 움직이는 한국 사회를 구원할 대안 체제를 논하는 것 자체가 오늘날 대한민국에 사는 20대 청년이 보기엔 한심하기 그지 없었다. 이렇게 낡고 재미와 현실성마저 내다 버린 세계관이 또 있을까? 이런 사람의 세계관을 '시대의 지성'이니, '시대의 양심'이라며 떠받드는 세대가 오늘날 한국 사회의 중심축이라니 말이 되나?

그런 구리고 한심한 세계관을 보고 있자니 도저히 가만히 있을 수 없었다. 그래서 어차피 집필 참여를 제안 받은 이상, 신영복 같은 인물을 우상으로 떠받드는 세태를 해부하여 그 속을 드러내고 싶었다. 여전히 인민혁명의 꿈을 포기하지 않고, 동양철학의 여러 개념이나 사람 속의 관계 같은 수식어구로 그런 혁명의 꿈을 포장한 채 대중을 기만하고 세뇌하는 지식인을 홀딱 발가벗기고 싶었다. 이제는 독자들께서 한 20대 청년이 신영복이라는 우상을 어떤 식으로 발가벗기는지 구경할 차례이다.

5. 20대 청년의 입장에서 바라본 신영복의 세계관

사실 필자가 신영복을 처음 접한 「청구회 추억」의 경우에는 소설이기 때문에 그의 사상과 세계관을 제대로 알기 어려웠다. 그리하여 신영복이 직접 저술하거나, 그가 참여한 대담을 종합한 자료 위주로 직접 구매해 탐독 해봤다.

개인적으로 읽으면서 그의 세계관에서 느껴지는 구리고 진부하고 낡은 공기에 도통 시선이 가질 않았다. 솔직히 이번 신영복 관련 집필 참여를 제안받지 않았다면, 죽기 전에 이런 재미없고 백해무익한 내용의 책을 내 돈 주고 사 읽을 일은 절대 없었을 것이라 확신한다. 아무튼 신영복에 관한 자료를 읽으면서 파악한 그의 세계관을 몇 가지 테마를 통해 논의해보고자 한다.

그리고 논의에 앞서 주요 소스로 활용한 자료를 몇 가지 밝히겠다. 사실 신영복의 주요 저서로 그가 수감 생활 중에 쓴 「감옥으로부터의 사색」이나 성공회대에서 동양철학 등을 강의한 내용을 엮은 「담론」, 「강의」 등이 거론되지만, 개인적으로 그런 에세이나 강의

록에는 워낙 추상적인 언어로 모호하게 표현된 경우가 많아서 그의 사상을 제대로 탐구하기에는 한계를 느꼈다. 그래서 필자가 직접 중고서점에서 발품을 팔며 여러 저서를 훑어본 결과, 그의 사상에 관하여 나름 명확하면서도 개괄적으로 요약된 책을 두 권 발견했다.

한 권은 신영복이 90년대 말에 세계 여행을 하면서 남긴 여행기 「더불어숲」, 그리고 나머지 한 권은 그가 출소 이후 사망하기 전까지 약 30년 동안 각 분야 인사들과 나눈 대담을 엮은 「손잡고 더불어」이다. 책 제목에서부터 그의 사상에서 핵심을 차지하는 '더불어', '숲' 등의 용어가 등장하는 게 벌써부터 그 세계관이 품은 쉰내가 느껴진다. 아무튼 두 저서를 중심으로 해서 신영복의 사상의 허점과 위험성을 짚어보도록 하겠다.

첫 번째, 세계를 바라보는 관점
사회주의에 대한 이상을 버리지 못한 채, 서구 문명이 전래한 자본주의와 근대 질서를 교묘히 부정하고, 폄하한다.

「더불어숲」 개정판에서 러시아의 상트페테르부르크에 대한 내용에 이런 서술이 담겨있다.

나는 페테르부르크에서 가장 먼저 보고 싶었던 것이 혁명의 자취였습니다. 최초의 사회주의 소비에트 정권이 수립된 역사의 현장을 확인하고 싶었기 때문입니다.

「더불어숲」 113쪽

페테르부르크에 대한 애정은 페테르부르크를 모독하는 어떠한 전제도 침략도 용서하지 않으리라는 것을 알 수 있습니다. 그것이 때로는 혁명으로 역사의 무대에 솟아오르기도 하고 때로는 80만 명의 목숨을 바쳐가면서 900일에 걸친 독일군의 포위를 견디는 저력이 되기도 한다는 사실을 알 수 있습니다. 애정을 바칠 수 있는 도시를 가진 사람은 참으로 행복하고 강한 사람들이라는 부러움을 금치 못합니다.

「더불어숲」 115~116쪽

… 우리에게 필요한 것은 우리들이 애정을 바칠 수 있는 도시를 만들어나가는 일이라는 생각이 듭니다. 그것은 단지 건물을 세우고 도로를 만드는 것만으로는 불가능한 것입니다. 그러한 도시를 만들기 위해서는 물론 수많은 것을 심고 가꿔나가야 함에 틀림없지만 결국은 사람을 만들어내고 역사를 만들어내는 것이어야 할 것입니다. 애정을 바칠 수 있는 사람을 길러내는 일, 사람들과의 관계를 아름답게 만들어내는 일에서부터 시작되지 않으면 안 되는 것이라는 생각이 듭니다.

「더불어숲」 118쪽

물론 신영복은 그런 서술과 함께 톨스토이, 도스트예프스키, 고리키, 푸쉬킨 등의 러시아 문호들, 혹은 독소전쟁 시기의 러시아인들의 용기 등에 높은 가치를 부여함으로써 언뜻 보기에는 러시아의 근현대사를 긍정적으로 평가하는 정도에 그친 것처럼 보인다. 하지만 내가 읽은 그의 세계관에서 강하게 느꼈던 공통점은 그는 여전히 사회주의권에 대한 향수에서 한발자국도 벗어나지 못했다는 것이었다. 오히려 러시아 역사에 관한 긍정적인 평가에 그치지 않고, 레닌 등의 사회주의자들이 한데 모여 혁명을 일으켜 정부를 무너뜨린 과거에 대해 상당한 부러움을 갖고 있는 것이 느껴졌다.

그런 맥락에서 그가 문단 말미에 '도시에 애정을 바칠 수 있는 사람, 사람들과의 관계를 아름답게 만들어내는 일' 등의 표현은 의미심장하게 다가온다. 도대체 그가 말하는 '도시에 대한 애정', '관계를 아름답게' 등은 무엇을 뜻하는 것일까?

이에 반해 반대 진영의 영미권 국가에 대한 서술에선, 그가 사회주의권 도시에 대한 애정 섞인 시선은 온데 간데 사라지고, 꽤 날 선 비판의 시선으로 바뀌어 있었다. 가령 「더불어숲」 개정판에서 영국의 런던에 관해선 이런 내용이 서술되어 있다.

> 노후 자본주의 국가는 머리만 남은 국가입니다. 언어와 브랜드와 금융만으로 남아 있는 경제입니다. 몸에 해당하는 산업이 없는 나라입니다. 비단 영국 뿐만 아니라 대다수 선진 자본주의

국가는 이미 해외 투자로 외국에다 그 몸을 만들어놓고 있거나 외국 자본을 자국에 유치하여 국내에다 남의 몸을 들여놓고 있습니다. … 손에 흙을 묻히지 않는 양반의 나라, 머리로만 살아가는 양반의 나라인 영국이 한편으로는 부럽기도 합니다.

「더불어숲」 139쪽

 개인이 신분 상승하는 과정과 방법은 어떤 것이며, 한 국가가 양반 국가로 지체를 높이기 위해서는 어떠한 경제 구조가 뒷받침되어야 하는지…. 생각하면 망연해질 뿐입니다. 개인은 신분 상승을 도모하고 국가는 국제 분업 체계에서 상위권에 진입하기 위하여 전력하고 있는 것이 오늘의 현실입니다. 국제 분업 체계에서 상좌에 앉은 자본주의가 양반 자본주의라 한다면 오늘날의 자본주의적 경쟁은 양반의 자리를 다투는 것인지도 모릅니다.

「더불어숲」 142쪽

선진 자본이 머리가 되고 중진 자본이 몸이 되고 그보다 못한 자본이 발이 되는 구조가 현재 진행되고 있는 세계 체제와 불평등 분업의 상호 침투라는 이중 구조입니다. 그러나 우리가 잊지 말아야 할 것은 남의 머리를 빌리기도 어렵지만 나의 몸을 빌리기도 쉽지 않다는 사실입니다. 몸을 빌리는 것이든 머리를 빌리는 것이든 그것은 어차피 이질적인 것의 조합이며 언제 이별을 고해야 할 수 없는 불안한 동거일 수 밖에 없습니다.

「더불어숲 143쪽

언뜻 보면 저부가가치 산업 비중을 개발도상국과 후진국이 도맡아 하는 세계화된 자본주의 체제를 날카롭게 비판하는 것처럼 보인다. 그러나 그의 이런 자본주의에 대한 비판은 학부 수준의 교양 경제학 강의를 이해할 수 있다면 얼마든지 논파 가능한 내용이다.

탈냉전 이후의 세계화 흐름을 돌이켜보자. 과연 세계화가 선진국들에게만 이득이었는가? 선진국은 마치 「양반전」에 나오는 양반처럼 편하게 앉아서 흙도 안 만지고 쉽게 돈이나 버는 집단이었는가? 절대 그렇지 않다.

탈냉전 이후 공산주의 진영에 있던 개발도상국, 후진국들의 시장이 점차 세계에 개방됐다. 그 덕분에 미국, EU, 일본 등의 선진국은 개도국, 후진국에서 생산하는 공산품을 값싸게 구매할 수 있었고, 이로 인해 세계적으로 물가도 안정화 될 수 있었다. 또한 선진국들은 3차 산업혁명이라는 새로운 경제 흐름에 맞춰 기술 혁신을 주도하며 오늘날 인터넷과 휴대폰 등을 생산했다. 물론 새로운 산업에서 나온 상품들을 선진국만 향유하지 않았다. 중국을 비롯한 개발도상국도 선진국의 첨단 상품 생산 기지 역할을 하면서 발전된 IT 기술의 혜택을 같이 누릴 수 있었다. 최근에는 중국의 강력한 코로나 봉쇄 정책과 미중 패권 경쟁이 맞물리면서 중국에 대한 해외 기업의 아웃소싱 전략이 점차 수정되고 있지만, 그 이전까지만 하더라도 중국은 아이폰 최대 생산 기지 중 하나였다.

만약 중국을 비롯한 개발도상국이나 다른 후진국들이 자국의 값싸고 풍부한 노동력을 비교우위 삼지 않고, 모든 걸 자급자족 하려고 했다면 그들이 아이폰을 구매할 경제력을 갖출 수 있었을까? 선진국이 제조업과 경공업 등에 대해 아웃소싱 전략을 취하지 않았다면, 개도국과 후진국 노동자들이 해외에서 기회를 얻을 수 있었을까? 선진국도 비교우위를 무시하며 모든 산업에 무리하게 관여하려 들었으면, 자국 역량을 유망 산업에서의 기술 혁신에 온전히 집중할 수 있었을까?

비록 절대적인 생산능력에서 차이가 날지라도, 서로가 가진 상대적인 생산성을 인정하고, 시장과 기술을 공유하며 공동의 발전을 도모할 수 있는 게 자유무역, 세계화 등이 가진 장점이었다. 그런 배경이 전혀 없었다면 한국의 고도 성장도, 방글라데시의 의류 수출도, 칠레의 포도 수출도 없었을 것이고, 여전히 개도국과 후진국들은 가난했을 것이며, 선진국은 자국 정책과 역량만으로 물가 안정을 도모할 수 없었을 것이다.

신영복은 그런 자유 무역과 세계화의 순기능을 도매금으로 엮어 '쉽게 돈 벌려고 하는 양반'이라며 애써 폄하한 것이다. 어쩌면 도덕을 무기 삼아 경제를 옭아매고 재단하는 측면에서 신영복은 그가 비판하는 서구 선진국보다 더 '양반'에 가까운 인물이 아닐까?

내가 보기에 신영복은 여전히 '왼쪽 눈'만 뜬 채로 세상을 바라보고 있던 것 같다. 2015년 개정판에서도 저런 내용을 수정하지 않았으니 말이다. 그는 애초부터 자본주의 질서와 세계화된 시장에서 수많은 사람들이 누리는 혜택을 별로 인정하고 싶은 생각이 없던 것으로 보인다. 사실 이쯤 되면 신영복이 자본주의는커녕, 고중세 시기의 물물교환도 인정할지 의문이 든다. 원하는 상품을 조금이라도 더 저렴하게 구매하고, 이전보다 더 편리하고 효율적인 삶을 누리고 싶은 인간의 본성을 인정하기는 할까?

하지만 이걸 어쩌나. 신영복이 말하는 '몸'이나 '발'에 해당하는 국가들도 그 어떤 국가보다 세계화라는 경제 체제 하에서 경제 성장과 생활 수준 향상의 혜택을 누린 국가들이었으니. 지금 세상에 존재하지 않지만 만약 살아있었다면 그에게 꼭 묻고 싶다.

지금 중국이 부상한 배경이 본인이 비판하신 '양반 자본주의' 덕분인데 어떻게 생각하시냐고.

피도 눈물도 없는 제국의 자본주의를 도입한 중국은 그럼 '신식민지국가독점자본주의' 국가와 '반식민지국가독점자본주의' 국가 중에 어떤 쪽이냐고.

이런 분을 정신적 지주로 모신다는 게 오늘날 한국의 운동권이자 좌파 진영의 지적 수준이라니. 그들의 지적 토대를 알고 나니, 그들이 지금껏 반일 감정을 국내 정치 논리로 악용하고, 혈맹 관계에 있는 미국보다 중국과 북한의 눈치를 더 보는 일에 거리낌 없이 나선 행적에 이해하지 않을 수 없었다. 심지어 문재인 전 대통령마저도 신영복을 존경하는 인물로 삼고 있지 않은가. 콩 심은데 콩 나고, 팥 심은 데 팥 난다더니, 옛날 말에 틀린 게 정말 하나도 없다.

두 번째, 한국을 바라보는 관점

미국과 일본의 지원을 기반으로 성장했다는 이유로 대한민국을 정통성 있는 국가로 인정하지 않는다.

사회주의권을 동경하고, 서구 문명의 근대 질서를 비판하는 정도에만 그치면 그런 사람이야 지천에 널렸으니 그러려니 하겠지만…. 신영복은 거기서 그치지 않고 서구 문명의 영향으로 탄생한 대한민국마저 인정하지 않는 뉘앙스를 그의 글 곳곳에서 뿜어낸다. 이에 관해 「손잡고 더불어」 내용 중 김명인 인하대 국어교육과 교수와의 대담 내용 일부를 살펴보자.

> … 왜냐하면 그것은 미국의 억압과 지배하에 있는 한반도의 현실을 드러내는 역할도 동시에 하고 있거든요. 우리들의 객관적인 조건, 우리들의 처지, 한반도에서의 미국의 이해관계가 이라크에 대한 것과 크게 다르지 않다는 점을 드러냈다는 점에서 굉

장한 의미가 있다고 생각을 합니다.

「손잡고 더불어」 170쪽

… 보수 진영의 주장입니다만, 한반도 논의는 혈맹의 한미 동맹을 전제로 해야 한다는 것이지요. 그러나 중요한 것은 이러한 미국관을 반성하는 것입니다. 해방 이후 점령군으로 인천에 상륙해서 실시한 미군정에서부터 그 이후에 한국에 친미적이고 반공적인 분단 정치권력을 창출하고 미국 경제의 하위 구조로서 경제 구조를 편성했던 과정들을 냉정하게 검토해야 합니다.

「손잡고 더불어」 178쪽

우리나라의 정치적, 경제적 지형 자체가 아주 복잡합니다. 그리고 굉장히 완고합니다. 예를 들어서 우리나라의 근현대사를 돌이켜보더라도 그렇습니다. 일본의 지배를 받게 된 조선조 말기에서부터 일본의 식민지 지배 구조를 그대로 승계한 이른바 미군정 시기를 거쳐 30여 년의 군사정권 기간에 이르기까지 우리 사회를 지배하는 친일, 친미적인 지배 구조는 바뀐 적이 없었습니다. 굉장히 완고하고 보수적인 지배 구조는 한 번도 바뀐 적이 없습니다.

「손잡고 더불어」 191쪽

대담에서 신영복이 견지하는 한국 사회에 대한 입장은 매우 일관적이다. 한마디로 "식민지와 해방 이후 미군정을 거치며 만들어진 한국은 여전히 정당성을 갖추지 못한 채로 식민지 국가처럼 억압 받는 국가"라는 것이다. 정말 그러한가? 대한민국은 건국 이후 70년간 외세에 의해 핍박받고, 외세에 의해 왜곡된 구조와 체제를 가지고 고통 받았단 뜻인가?

하지만 대한민국을 통으로 부정하면 남는 것은 식민지로 전락한 조선뿐이다. 그렇다면 신영복은 조선이 스스로 독립을 하고, 지금과 같은 선진국으로 알아서 성장할 수 있었다고 보는 것인가? 일본 제국이 미국에 의해 패망한 사실과, 대한민국의 건국과 단독선거에 미국과 UN이 협조와, 북한의 남침으로부터 수많은 미군과 UN군이 흘린 피와 땀 없이도 대한민국이 알아서 탄생하고 성장할 수 있단 것인가?

이렇게 신영복과 같은 지식인들께서 미제와 일제에 종속한 한국을 부정하고 맑시즘 책이나 끄적일 때, 정작 해방과 한국전쟁 이후 한국의 사회안정과 고도성장을 이룩한 주역은 제국 일본에서 수학한 학생과 미국에서 고등교육을 받은 군인, 식민지 시기부터 활동한 기업인 집단이었다.

정종현 교수의 저서 「제국대학의 조센징」에 따르면, 일본 본토의 7개 제국대학을 졸업한 조선인 유학생 수를 조사한 결과, 정식 학사 과정을 밟지 않은 이들까지 고려하면 무려 1000명을 넘긴 것으로 확인됐다고 한다. 그 조선인 유학생들은 조선 총독부의 식민통치를 위한 관료로 일하기도 했고, 해방 이후에는 남북한 건설의 핵심 인적 자원으로 기능했다고 한다.

그렉 브라진스키의 저서 「대한민국 만들기, 1945~1987」에 따르면, 해방 이후 미군정은 1946년에 오늘날 한국 국군의 전신인 남조선국방경비대를 창설하고, 또한 1945년 12월부턴 군사영어학교를 운영했다. 군사영어학교를 졸업한 장교들이 경비대를 운영했는데, 이 장교들은 향후 20년간 국군의 고위 직책을 독점했는데, 이 중에는 참모총장을 역임했던 백선엽 장군과 정일권 장군도 포함되어 있다.

이뿐인가? 조지 워싱턴 대학 출신으로서 대한민국 초대 대통령을 역임하고 한미동맹이라는 큰 업적을 남긴 이승만, 만주국 육군군관학교 출신으로 제국 일본의 국가경영 노하우와 지식을 흡수한 박정희, 식민지 시절 운영한 쌀 가게 경험과 미군정기의 건설회사 운영을 토대로 현대 기업을 세운 정주영, 지주의 아들로 태어나 일본 와세다대학에서 수학한 뒤 삼성상회를 차린 이병철, 이병철과 같은 와세다대학 출신으로 오늘날 고려대와 동아일보를 설립한 김성수, 메이지대학 법학과를 나와 한국 초대 대법원장으로 재임한 김병로… 이들 모두가 일본과 미국이 만든 시스템과 세계관 속에서 각자의 역량과 비전을 키우고, 그 역량과 비전을 대한민국에서 십분 발휘한 인물이었다. 그들이 걸어온 행적과 쌓아온 업적이 과연 미국과 일본의 영향을 받았다는 이유로 무시할만한 것인가? 대한민국의 성립과 발전을 그들의 영향력을 배제하고 제대로 설명할 수 있는가?

신영복은 근대 질서에서 주요 세력이었던 미국과 일본을 비판함으로써 자신이 생각하는 사회주의 혁명 같은 것들을 새로운 대안으로 이야기하고 싶었겠으나, 우스운 점은 그가 수학한 서울대학교 역시 과거엔 경성제국대학이었으며, 그가 읽고 공부한 「자본론」 같은 서적 역시 일본 지식인들의 섬세한 번역 작업이 없었다면 누릴 수 없는 지적 유산이었다는 점이다. 그가 그토록 비판했던 일본 근대 문명의 영향으로 사회주의를 배우는데 도움을 받았으니 그의 세계관에 따르면 그 역시도 친일파와 같지 않은가?

그리고 제국주의와 자본주의를 버리면 신영복은 무슨 대안을 제시할 수 있나? 그의 사상과 세계관으로 보릿고개 넘지 못해 굶어죽는 국민들을 배불리 먹일 수 있나? 아니면 기생충과 전염병으로 고통 받는 국민들을 치료할 수 있나? 사회기반시설을 구축하고, 주요 산업을 일으키는 원동력을 제공할 수 있나? 현실 문제에서 해결할 수 있는 것은 하나도 없으면서, 국가의 정당성을 공격하고, 역사 전체를 정면으로 부정하면서 얻고자 하는 것이 무엇이었을까?

세번째. 궁극적인 지향점

사회주의 혁명의 꿈을 다른 사상과 이론에서 빌려온 개념으로 교묘히 감추고 포장하여 대중들을 현혹한다.

제국주의와 자본주의를 비판하고, 서구 문명이 가져다 준 근대 질서에서 탄생한 대한민국을 부정하면서까지 신영복이 추구했던 대안은 무엇일까? 구체적인 대안 체제를 언급하진 않지만, 그의 저서들에선 몇 가지 개념들이 꾸준히 반복된다. 그런 개념들이 등장하는 몇 가지 서술들을 살펴보자.

> … 머리에서 가슴까지는 '롱기스트 저니(longest journey:가장 긴 여행)'입니다. 이성과 감성이 조화된 개인은 나무입니다. 전 삶의 현장으로서의 숲의 개념을 갖고 있습니다. 숲은 다양성입니다. 화폐적 가치라는 단일한 가치 중심으로 모던 것을 질적으로 동질화하는 근대성에 대한 성찰의 화두로 숲을 내세웠습니다. 다양성과 차이를 존중하고, 강한 나라와 약한 나라, 전(前)자본주의와 비(非)자본주의도 공존하는 질서가 진보한 문명의 형태입니다.
>
> 「손잡고 더불어」 229쪽

또 저의 숲은 안토니오 그람시의 '진지론(陣地戰)'과 같은 의미입니다. 그람시는 완고한 유럽 보수주의 벽 앞에서 아픔을 가졌던 사람입니다. 진지를 만들어서 버티자는 얘기에는 도처에 숲을 만들어서 힘도 기르고 그 속에서 인간적 가치를 위로하는 공간을 만들자는 실천적 의미도 있습니다. 숲은 근대성의 패권적 논리를 성찰하는 문명 개념으로 쓰이기도 하고, 우리 사회의 인간적이고 진보적인 사고를 키워 내는 진지의 운동론적 개념으로 쓰이기도 합니다.

「손잡고 더불어」 230쪽

… 제가 동양고전과 신자유주의적 세계질서를 대비시키는 이유는 감옥에서 동양고전을 많이 읽기도 했지만, 이런 패권적이고 존재론적인 패러다임의 압도적 포섭에도 불구하고 소비나 소유와는 비교할 수 없는 가치가 있다고 믿기 때문이기도 합니다. '인성(人性)의 고양(高揚)'이란 점입니다. 물질적 성취가 아니라 인간적 성취가 더 높은 차원의 가치가 되고 있습니다. 그리고 그 인간적 성취는 인간관계로 결실되는 것이지요. 훌륭한 사람, 훌륭한 사회, 그리고 훌륭한 역사의 문제로 연결되는 것이죠. 근대사회의 전개 과정이 보여 온 존재론적 패러다임을 관계론적 패러다임으로 전환하는 것이 오늘의 문명사적 과제라고 생각하기 때문이기도 합니다.

「손잡고 더불어」 273~274쪽

신영복의 저서를 피상적으로 훑어보거나, 그가 동양철학에서 빌려온 여러 인문학적 표현에서 나오는 따뜻함, 부드러움에 경도된 사람들에게는 잘 안 보일 수 있겠다. 하지만 내게는 그가 여러 수사와 비유, 은유로 가려놓은 마르크스주의를 기반으로 한 혁명을 포기하지 않았다는 것이 명확히 보인다. 특히 「손잡고 더불어」 230쪽에서 표현된 그람시 이론에 관한 서술은 그런 욕망을 숨기지도 않고 대놓고 드러내고 있다.

> 신영복이 언급한 그람시의 진지론에 관한 짧은 설명 : 자본주의 논리로 작동하는 사회에서는 사회주의 세력이 직접적인 형태로 저항(기동전)하는 것이 아니라, 다른 방법을 통해 혁명에 유리한 조건을 조성한 뒤 기회를 노려야 한다. 그 다른 방법이 바로 '진지전'으로, 교육, 언론, 학계, 예술, 문화 등 광범위한 분야에 일종의 '정치적 참호'를 만든 뒤, 그 참호를 진지 삼아 계급투쟁을 위한 이데올로기를 계속 퍼뜨리는 방식을 취한다. 그러한 진지전을 통해 사회 구성원 상당수가 계급투쟁의 이데올로기에 익숙해지고, 그런 환경에선 사회주의 계급 혁명에 유리한 환경이 조성되며 기동전으로 전환하기 적절한 토대가 구축된다는 내용의 이론이다.

즉, 신영복은 여전히 계급투쟁을 통한 사회주의 혁명의 꿈을 버리지 않고 있음을 그의 강의나 대담에서 암시해왔음을 알 수 있다. 다만, 레닌이나 그람시처럼 직접적이고 과격한 용어를 사용할 수 없으니, 그 용어를 순화시킬 언어를 동양철학의 표현이나 평범한 단어들을 차용해 표현하는 것이다. '진지'를 '숲'으로 비유하는 것처럼 말이다.

    결국 그는 사회주의 혁명에서 한 발자국도 벗어나오지 못하고, 소련을 위시한 사회주의 진영이 무너진 현실을 직시하지 못한 채, 자신의 사회주의적 이상을 구현하고 표현할 세계관을 만들고 그 안에 스스로를 가둬 버린 것 같다. 그가 '전향' 했다고? 그가 '따뜻한 인문학'을 설파하는 '시대의 스승'이라고? 그런 구린내 진동하는 자폐적 세계관을 가진 우상을 섬길 바에 차라리 아이돌 팬덤에 가입하는 게 훨씬 재밌고 생산적인 일일 테다.

6. 신영복의 세계관과 인간관이 이어지는 지점

    신영복의 저서에서 드러나는 그의 인간관은 한결같다. 인간은 개인으로서 존재할 때는 의미가 없으며, 다른 사람과의 관계 속에서만 진정한 의미를 가질 수 있다는 것이다. 이런 그의 시각은 그와 관련된 여러 자료에서 쉽게 찾아볼 수 있다.

> 우리가 지금 논의하고 있는 '관계와 인식'에 대해서 다시 한 번 생각해 보아야 합니다. 인식은 그것이 어떤 것에 대한 인식이든 가장 밑바탕에는 '사람'이 있어야 합니다. '사람과의 관계'가 인식의 근본입니다. 그러나 우리의 현실은 사람의 위상이 한

미하기 짝이 없습니다. 갈수록 더 심해집니다. 후기 근대사회의 헤게모니를 장악한 금융자본은 그 축적 양식에서 완벽하게 사람이 배제되고 있습니다.

「담론」 281쪽

사실 존재론적 논리가 우리들의 삶 깊숙이 침투해 있어요. 자녀 교육도 그런 존재론적 논리로 행해집니다. 다른 아이들과 경쟁에서 이길 수 있는 강철의 논리로 교육하고 있는 것이지요. 개인이든 회사든 국가든 예외가 아닙니다. 심지어는 사회운동 단체들도 외부로부터 집단 이기주의라고 비판 받을 정도로 배타적이고 자기중식점으로 운동을 하는 것이 사실이지요.

「손잡고 더불어」 207쪽

그가 재직하던 성공회대에서 주최한 '청년 협동조합 컨퍼런스'에선 이런 내용을 언급한다.

… (감옥에서의) 찬벽 명상의 결론은 나는 배타적인 아이덴티티(identity)를 갖는 존재가 아니다. 내가 겪은 수많은 사건들이 내 속에 들어와서 나를 만들고, 내가 만난 수많은 사람들이 나로 들어와서 나를 빌딩(Building)하는 것이다. 나의 존재는 내가 맺어온 소셜리티(Sociality)가 내 존재다. 나는 관계다. 우리가

살고있는 세계도 관계일뿐 아니라 나 자신도 관계다.

(2013년 8월 24일 성공회대 강연 中)

신영복은 왜 그렇게 '관계'에 집착했을까? 그가 집착하는 '관계'는 그의 세계관 속에서 어떠한 기능을 맡고 있는 것일까? 이에 대해선 그가 다른 강연에서 언급한 내용에서 그에 대한 실마리를 찾을 수 있다. 신영복은 생전에 여러 미디어와 장소를 빌어 많은 강연을 남겼는데, 그중에서도 인상 깊은 것은 2011년에 오마이뉴스에서 주최한 '씽크카페컨퍼런스'에서의 강연인 '역사는 변방에서 이루어진다' 이다.

강연 내용에서 핵심적인 부분을 요약하자면 이렇다. 신영복은 자신이 생각하는 한국 정치사회 구조를 그림으로 보여준다. 그림에서는 총 세 가지의 벽이 맞붙어 있다. 맨 앞에서는 회색 벽이, 중간에는 미국의 성조기를 묘사한 벽이, 그 뒤에는 일본의 일장기를 묘사한 벽이 붙어있다. 신영복은 맨 앞의 회색 벽을 오늘날 견고한 보수 구조를 뜻한다고 말하며, 뒤에 붙어있는 미국과 일본으로 추정되는 벽은 '외세'를 의미한다고 말한다. 이렇게 보수 구조와 외세가 결탁한, '비대칭적'인 구조 속에 있기 때문에 사람들이 '연대'하지 않을 수 없으며, 연대는 '변혁을 위한 주체적 역량'을 키울 수 있는 수단이라고 이야기한다.

앞서 신영복의 세계관에 대해 분석할 때, 신영복은 미국과 일본의 지원을 기반으로 형성된 한국을 인정하지 않음을 피력했다. 그의 그런 믿음은 감옥에서 출소한 이후에도 바뀌지 않은 것으로 보인다. 그러나 그가 출소한 시점에는 이미 한국이 고도성장의 길을 걷고 있었으며, 미국과 일본이라는 우방과의 관계를 다지면서, 역으로 공산주의 진영에도 영역을 넓히는 시기였다. 신영복에게 그런 현실은 매우 냉혹했을 것이다. 세상은 절대 망상에 가까운 세계관을 가진 이에 맞춰 움직여주지 않는 법이기 때문이다.

하지만 그는 사회주의 혁명의 꿈을 접지 않고, 근대 질서를 비판하는 형식을 통해 우회적으로 혁명의 꿈을 이어갔던 것으로 보인다. 하지만 혁명은 혼자서 이룰 수 있는 것이 아니다. 반드시 동조하는 세력이 있어야 하며, 그 세력의 크기와 범위가 넓을수록 혁명에 유리하다. 하지만 근대 이후의 세계에서 수많은 국가들이 선택한 정치체제와 사회체계는 '개인'을 기초로 한다. 개인의 자유와 권리를 인정하는 토대에서 근대 민주정과 자본주의 등이 일어선 것은 지난 근현대사가 증명해온 것들이 아닌가. 신영복은 그 지점에서 '근대의 개인'과 차별화 되면서 반대 지점에 있는 '관계 속의 개인'을 들고 나온 것이다. 그렇게 사람들을 '관계'로 묶고, 관계로 묶인 개인들이 '연대'하여 '변혁'을 꿈꾸는 내러티브를 고안한 것이다. 물론 변혁의 궁극적인 목표는 '사회주의 혁명'이지만, 그걸 직설적으로 표현할 수 없으니 '관계', '연대' 등의 어휘를 통해 에둘러 표현하는 것이다. 이는 위에서 인용한 「손잡고더불어」 207쪽 내용 뒤에 바로 이어진다.

… 관계론의 실천적 개념이 바로 연대라고 생각합니다. 연대와 관련하여 꼭 한 가지 이야기할 게 있습니다. 연대는 반드시 하방연대(下方連帶)라야 한다는 것입니다. 자기보다 약한 사람들과 연대해야 한다는 것입니다. 연대의 가장 상징적인 가시물(可視物)이 물입니다. 물은 낮은 곳으로 흐릅니다. 물이 가장 큰 바다가 될 수 있는 원리가 바로 하방연대에 있는 것이지요.

「손잡고더불어」 207쪽

과연 그의 글에서 물이 모인 '바다'가 의미하는 것이 무엇이었을까? 그가 사회주의 혁명을 포기하지 않았고, 낮은 계급에 있는 자들이 연대로 모여서 변혁을 일으켜야 한다고 주장했음을 곱씹으면 '바다'의 의미는 쉽게 추측할 수 있다. 그런 변혁, 혁명에 관한 우회적인 언급 역시 그의 글에서 찾아볼 수 있다.

… 혁명은 굉장히 위험한 것, 무자비한 파괴와 살육을 동반하는 거대한 무질서라는 이미지를 이 조어는 담고 있는 것이지요. 통일이라는 단어에 담아 놓은 이미지도 마찬가지입니다. 통일은 굉장히 위험과 부담이 따르는 것이라는 의미를 담아놓고 있습니다. 이러한 조어의 목적은 그 자체를 터부시하고 접근 자체를 아예 차단하기 위한 것이지요. 이러한 이데올로기적 포위 속에 우리가 있는 것입니다. 우리의 실천적 기반이 그만큼 열악

하다는 것이지요.

「손잡고더불어」 211쪽

… 그렇기 때문에 일상생활의 곳곳에 진지(陣地)를 만들어내는 노력을 계속해야 한다고 생각합니다. 이러한 진지는 헤게모니를 장악할 수 없는 수세 국면에서는 역량을 지키는 보루(堡壘)가 되고, 객관적 조건이 성숙했을 때는 공격 거점(據點)이 되는 것이지요.… 민주주의에 대해서도 재론해야 할 부분이 많습니다만, 민주주의의 본질은 '정치목적의 공유'입니다. 민주주의를 절차와 형식의 문제로 이해하고 있는 것이 오늘의 현실입니다만, 이것은 민주주의가 우민화(愚民化)의 도구로 전락한 것이라 해야 합니다. 진지와 생활상의 민주주의를 토대로 해서 주체적 역량을 키워 가야 하는 것이지요. 이러한 역량이 비축되어 있을 때 객관적 조건을 주동적으로 장악할 수 있지요.

「손잡고더불어」 212쪽

그리고 근대라는 것이 서구 문명에서 촉발된 것임을 생각하면, 신영복은 본인의 세계관을 구축하면서 서구 문명과 반대되는 사상이나 개념을 근거로 활용할 수밖에 없었을 테다. 바로 그런 이유로 그의 사상에서 동양철학의 개념과 어휘 등이 자주 등장하는 것이다. 결코 그가 동양철학 그 자체를 가르치기 위해 배우고 설명하는 것이 아니다. 그의 입장에서 동양철학은 미완성 상태인 사회주의 혁명의 씨앗을 뿌리기 위한 모종삽 같은 도구였던 것이다. 이에 관련된 「손잡고더불어」의 내용이다.

> 예를 들면, 동양의 문화적인 특성 가운데 하나, 특히 중국 철학의 유가와 도가를 대비해 볼 때, 유가는 그 이후에 순자(荀子) 일파가 계승한 데서 보듯이 이건 성장론입니다. 유가는 인간이 동물과 구별되는 찬란한 문화를 만들어 갈 수 있다고 주장합니다. 도가는 오히려 요즘 말하는 생태론(ecology)에서 보는 그런 자연과의 순환 체계에 주목하면서, 오히려 자연 쪽으로 돌아가는 것을 사회가 지향할 목표로 봅니다. 그런데 이 두 사상이 상당히 균형을 취하고 있었어요. 우리의 경우는 이러한 내부 균형이 상당히 상실돼 있다는 느낌을 받아요.
>
> 「손잡고더불어」 153쪽

> … 환경은 물론이고, 다른 개체를 향하여 열려 있는 관계의 총체가 생명이고 물질이라는 것이 동양학의 핵심입니다. 불교의 연기론(緣起論)이 이를테면 그러한 사상을 잘 표현하고 있지요. 그래서 국가 간이든, 개인 간이든 이런 관계론적인 구조를 만들어내는 것이 근대를 넘어서는 새로운 시도라는 것이지요.
>
> 「손잡고더불어」 206쪽

7. 신영복이 뿌린 씨앗은 한국에서 어떤 열매로 성장했나

하지만 난 신영복류의 사상, 세계관, 내러티브가 그의 죽음을 끝으로 사장됐다면 문제 삼을 일이 없다고 생각한다. 그러나 현실은 그렇지 않았다. 신영복은 죽고 사라졌지만, 그의 세계관은 여전히 지금의 정치, 사회, 문화 등의 분야에서 여전히 깊게 자리 잡고 있기 때문이다.

그중에서도 아직까지도 강한 힘을 발휘하는 것은 바로 그의 역사관이다. 한국의 정치구조는 보수구조와 외세의 결탁된 채 강하게 뿌리내렸으며, 그렇게 외세와 결탁한 보수구조의 기득권은 수백년 동안 한국 사회를 지배해왔다는 그 역사관 말이다. 그리고 신영복은 그의 저서에서 그런 정치관을 꾸준히 밝혀왔다.

> 예, 임란 이후에 인조반정으로 광해군 몰아내고 나서 지금까지 우리나라 지배 권력은 한 번도 안 바뀌었어요. 노론 세력이 한일합방 때도 총독부에서 합방 은사금을 제일 많이 받았지요. 노론이 56명, 소론이 6명, 대북이 1명, 압도적인 노론이 한일합방의 주축이거든요. 해방 이후에도 마찬가지. 국민의 정부, 참여정부 때도 행정부만 일부 바뀐 거지, 통치 권력이 바뀐 적은 없습니다. 외세를 등에 업고 그렇게 해왔지요. 대학, 대학 교수, 각종 재단, 무슨 시스템 이런 것들 쫙 다 소위 말하는 보수 진영이 장

악하고 있어요.

「손잡고더불어」 318~319쪽

이런 정치관은 이미 앞서 언급한 오마이뉴스에서의 강연에서도 드러난 바 있다. 하지만 신영복만 그러한 인식을 가지고 있던 것이 아니었다. 놀랍게도 현재 한국의 제1야당인 민주당에서도 여전히 영향력 있는 인사로 알려진 이해찬 전 더불어민주당 당대표 역시 언론사와 인터뷰에서 신영복과 아주 유사한 역사관을 밝힌 바 있다.

우리 역사의 지형을 보면 정조대왕이 1800년에 돌아가십니다. 그 이후로 220년 동안 개혁 세력이 집권한 적이 없어요. 조선 말기는 수구 쇄국 세력이 집권했고, 일제강점기 거쳤지, 분단됐지, 4·19는 바로 뒤집어졌지, 군사독재 했지, 김대중 노무현 10년 빼면 210년을 전부 수구보수 세력이 집권한 역사입니다.

(2020년 9월 14일 이해찬 시사인 단독 인터뷰
「보수가 너무 세기 때문에 20년 집권이 필요합니다」)

이해찬 대표는 김대중 정부 시기에 교육부 장관을, 노무현 정부 시기에는 국무총리를, 문재인 정부 시기에는 당대표를 역임했던 좌파진영의 대표적인 거물 정치인이다. 그리고 노무현 전 대통령과 아주 친밀한 관계에 있었다. 흥미로운 지점은 신영복은 노무현 전 대통령과는 부산상고 선후배 관계였으며, 당시에도 신영복은 지식인 사회에서 존경 받는 인물이었다는 점이다. 그런 배경이 있다 보니 민주당 정치인들과도 잦은 교류가 오고 갔던 것으로 보인다. 가령, 노무현 정부 시절에는 신영복이 직접 쓴 서체에 '우공이산(愚公移山)'라는 사자성어를 담아 취임100일 선물로 전달하기도 했었다. 대통령 선물로 본인의 서체를 전달할 수 있는 정도이니, 당시 진보 진영에서 신영복이 갖는 위상과 영향력을 유추할 수 있는 대목이다.

하지만 그런 선물보다도 그의 영향력을 확인할 수 있는 부분은 바로 역사관이다. 멀게는 조선 시기의 노론 세력부터 시작하여, 그 노론 세력이 구한말에 한일합방을 이끌어내고, 식민지 시절과 미군정을 거쳐 오늘날 한국을 건국하는 주요 세력이 되었다는 역사관 말이다. 그렇게 외세와 결탁하여 건국된 한국은 왜곡된 구조와 취약한 정당성을 가진 국가이기 때문에, 그런 역사와 정치 지형을 반성하고 비판하지 않으면 안 된다는 그 역사관 말이다. 근데 그런 역사관을 이 나라의 주요 정당의 거물 정치인이 그대로 답습하고 있다는 것이다.

비단 이해찬 대표만의 문제가 아니다. 문재인 정부 시기의 대외 정책 양상을 살펴보면, 그 속에서 가장 강한 이데올로기로 작용하던 것이 '반일'이었다. 박근혜 정부 시기에 타결한 위안부 합의를 사실상 무력화 시킨 걸 시작으로, 2019년 일본의 대한 수출규제 때는 당시 청와대 민정수석이었던 조국의 '죽창가' 발언이 그러하였고,

2020년 4월 총선 때는 당의 선거 구호로 '이번 총선은 한일전'을 외치며 야당이었던 자유한국당을 친일파 세력으로 매도했던 것이 불과 몇 년 전의 한국 정치 상황이었다.

또한, 2019년 한일무역분쟁 당시에는 여권 지지자들은 이른바 'NO JAPAN' 운동으로 지칭되는 대일불매운동을 벌이며, 여권의 반일 메시지에 적극 호응했던 전례도 있었다. 거기다 여권 성향의 지지자가 아니라도 한국의 반일감정은 그 감정의 골이 꽤 오랫동안 지속됐던 것이기에, 야권 성향의 시민들에게도 적잖은 파급력을 미치기도 했었다. 그래서 한국 정치에서 '반일은 치트키'라는 말이 나돌아다니는 것 아니겠나. 그런 맥락에서 신영복의 세계관, 특히 그의 역사관은 오늘날 여전히 견고한 반일감정의 사상적 모체이기도 하지 않았을까.

하지만 그러한 극단적인 반일감정이 정말 위험한 이유는 한국이 그동안 미국, 일본과 협력·교류하며 안보와 경제에서 급속한 성장을 이루고, 그런 성장을 토대로 동북아시아에서 나름의 역할과 위상을 차지하며 이득을 누려온 체제 자체를 뿌리부터 흔드는 기제로 작용하기 때문이다. 이는 1970년대 김일성이 주장한 '갓끈 이론'에도 부합하는 부분이기도 하다. 한국과 일본의 관계가 악화되면, 두 국가와 모두 동맹 관계를 맺고 있는 미국 입장에서는 상대적으로 더 중요한 일본을 선택할 것이고, 한국이 미일과 분리된다면 그 허점을 노려 적화통일을 이룰 수 있다는 그 이론 말이다.

김일성도 신영복도 이제는 죽고 없지만, 한국을 둘러싼 지정학적 상황은 아직도 그대로이다. 그런데도 문재인 정부는 반일감정을 국내정치 뿐만 아니라 대외정책 기조로 사용하면서 일본과의 관계를 의도적으로 허물었다. 여기에 미국과 중국이 트럼프 정부 시기부터 지금까지도 여전히 패권 다툼을 벌이면서, 한국의 전략적 역할이 어느 때보다 중요해진 상황이다. 그럼에도 경색된 한일관계, 높은 대중국 의존도로 동맹과 우방이 요구하는 협력 수준에 미치지 못하고 있다. 신영복의 역사관에 사로잡힌 사람들이 벌인 국가 운영이 오늘날 한국의 외교안보 지형에 적잖은 어려움을 초래한 것이다.

하지만 내가 신영복에 대해 공부하면서 가장 소름 끼쳤던 것은 그의 세계관만큼이나, 그가 한국 사회에서 갖고 있는 이미지와 위상이 너무 광범위하게 퍼져있다는 점이었다. 문재인 前 대통령을 시작으로 유시민, 안희정, 심상정, 노회찬, 안희정, 조희연, 고민정, 이재정, 유홍준, 정재승, 한홍구, 손석희, 이은미, 윤도현, 안치환, 김제동… 이름만 들어도 다 알만한 이 나라의 정치인, 학자, 언론인, 방송인, 연예인들이 그를 존경한다는 말을 여러 미디어와 공식석상에서 해오고 있었다. 또한 신영복이 재직하던 성공회대 학생들부터, 그를 직접 만나보진 않았지만 그의 저서를 읽고, 강연을 청취하며 흠모하던 수많은 시민들까지… 그는 이미 죽었지만, 그의 세계관에 감화되고 영향을 받은 이들이 여전히 이 나라 국민 중 절반 가까이 될 것이라는 생각에 정말 충격을 금할 수 없었다.

보수 진영에서나, 아니면 그를 어느 정도 알고 있는 사람들이라면 신영복에 대해 절대 좋은 평가를 내릴 수 없겠지만 현실은 그렇지 않았다. 그는 죽어서도 여전히 '시대의 스승'으로 추앙받고 있었다. 꽤나 절망적인 상황이었다. 사회주의 혁명의 꿈을 온갖 어휘와 개념으로 감추어 '따뜻한 인문학'으로 포장하는 혹세무민(惑世誣民)의 대가를 이렇게까지 치켜세우는 실정이라니.

사실 글을 유쾌한 톤으로 쓰고 싶었지만, 신영복에 관한 여러 자료를 탐독하고 수집하고, 그를 추앙하는 사회적 분위기를 보면서 유쾌함을 그리 오래 유지할 수 없었다. 하나 한 가지 확실한 것을 배울 수 있었다. 바로 한국 사회가 정상화되기 위하여 어떤 과정을 밟아야 하는지를 말이다. 그리고 그 과정은 이미 작고한 지 오래된 싸구려 혁명 호소인으로부터 '시대의 스승'이라는 칭호를 회수하는 것부터 시작해야 한다. 그런 의미에서 글을 시작하며 던졌던 많은 질문을 다시 하나의 질문으로 독자들께 드리면서 마치겠다.

"지금도 신영복을 존경하시나요?"

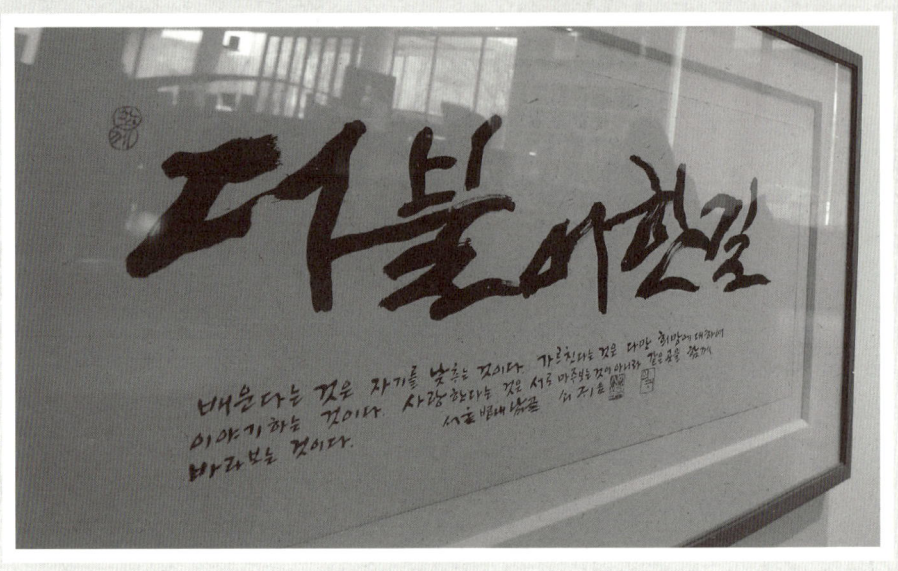

신영복은 '근대의 개인'과 차별화되면서 반대 지점에 있는 '관계 속의 개인'을 들고 나온 것이다. 사람들을 '관계'로 묶고, 관계로 묶인 개인들이 '연대'하여 '변혁'을 꿈꾸는 내러티브를 고안한 것이다. 물론 변혁의 궁극적인 목표는 '사회주의 혁명'이지만 그걸 직설적으로 표현할 수 없으니 '관계', '연대' 등의 어휘를 통해 에둘러 표현하는 것이다.

1980년대에는 운동권, 1990년대 이후에는 시민사회와 학계, 문화계의 지원과 지지를 토대로 2010년대 이후 문화 권력과 정치 권력을 득한 신영복, 박성준 등이 기존의 통혁당 사건의 서사에서 자신의 존재만을 삭제하는 '반쪽 승리'를 거둔 것. 이것이 오늘날 통혁당 사건을 둘러싼 기억 투쟁의 현주소이다.

2장

통혁당 사건을 중심으로 본 신영복
기억의 정치

박지원

역사학자

1. '사회적 기억'은 어떻게 구축되나?

　　기억의 정치는 대개 국가/사회 대 개인의 구도 속에서 이뤄지는 과거를 둘러싼 투쟁으로 정의된다. 이에 따라 이른바 '공식' 기억에 맞서는 개인의 비공식적이고 파편화된 기억을 모아서 서사와 의미를 재구성하는 행위는 실천적인 기억 투쟁으로 인식되고는 한다. 특히 전쟁이나 사회적 대립의 기억은 기념 혹은 추모와 같은 사회적 실천으로 정치 권력의 정당성을 위해 활용되기도 한다. 한국 사회는 해방과 한국전쟁을 거치면서 극심한 이념의 대립을 경험하였는데, 적어도 기억 투쟁의 측면에서는 그러한 이념의 대립은 현재 진행형이라고 할 수 있다.

　기억 투쟁에서의 승패를 가르는 기준은 다양하다. 공식 역사에서 배제되었던 사건이 역사화 되어 교과서에 등장하기도 하고, 제도권에서는 그에 대한 사법적 판단을 새롭게 내리기도 한다.

　대표적인 예로, 공식 역사에서 오랫동안 배제되어 로컬 기억으로만 존재해 왔던 제주 4·3 사건에 대한 대한민국 정부의 인정과 사과는 기억 투쟁의 측면에서는 승리의 전범이라 부를만한 것이었다.

　1947년 제주도에서 벌어진 4·3 사건은 해방 당시 이후 잔존해 있던 남한노동당 세력이 대한민국 정부 수립(5·10 총선)을 방해하기 위해 무장대를 조직, 경찰서 기습을 감행하는 등 반란을 일으킨 사건이다. 당시 좌익단체인 남로당과 우익단체인 서북청년단의 대립은 민간인에 대한 학살로 이어졌다. 그러나 이후 4·3 사건으로 희생된 민간인에 대한 추모와 기억의 정치는 남로당의 만행은 지워진 채 이승만 정부의 민간인 학살로 기억되었다. 4·3은 해방 직후 좌우익의 극심한 대립이라는 본질은 지워진 채 외세와 폭력정권에 맞선 의로운 저항으로 변신했다. 4·3 사태는 4·3 항쟁이라는 새로운 이름을 얻었고 해마다 국가 폭력에 희생된 억울한 민간인을 추모하는 추모제가 되었다.

　이 같은 변화는 물론 민주화를 전제로 가능한 것이었음은 이론의 여지가 없다.

　1987년 6월 직선제 투쟁의 주역이었던 소위 민주화 세력은 '역사바로잡기'라는 명목하에 해방과 분단이라는 역사적 비극의 틈바구니 속에 희생된 이들에게 역사적 포커스를 맞춤으로 해방 이후 수립된 남한 정부의 비정통성을 부각시키는 작업을 꾸준히 진행해 왔다.

실제로 1980년대 이후 현대사의 많은 인물·사건들에 대한 기억 투쟁이 진행되었다. 기억 투쟁의 본질적인 목적은 대개 잘못된 과거를 바로 잡아 피해자에게 보상과 치유를 제공하고 가해자를 단죄함으로써 일종의 역사적 정의를 구현하는 데에 있는 것이라고 이해된다. 다만 이를 관철하기 위해 전제되어야 하는 것이 바로 기억을 토대로 하는 서사의 재구축, 그리고 재구축한 서사에 대한 사회적 공감과 동의일 것이다.

특정 사건이나 인물에 관한 서사를 구축하는 데에 있어 학술 연구가 기초적인 토대를 제공한다면, 미디어는 그것을 바탕으로 인물·사건에 대한 여론을 형성시키는 역할을 담당한다. 앞서 언급한 제주 4·3 사건의 경우 현기영의 소설 「순이 삼촌」으로부터 시작해 수많은 문학작품과 영화, 전시회, 다큐멘터리까지 4·3에 대한 재평가는 미디어의 힘에 의존했다 해도 과언이 아니다.

과거에 발생했던 사건이나 인물이 미디어의 조명을 받고 그에 대한 재평가가 이루어지는 사회적 여론이 형성되기까지는 상당한 기간이 소요되기도 한다. 그 과정에서 때로는 특정 인물·사건에 대한 재평가의 논의가 사회적으로 수용되지 못하고, 진상 규명의 문제가 논란이 되기도 하였다. 예를 들면 5·18 광주에 대한 진상규명 논란은 사건 발생 40여 년이 지난 지금까지도 사회적 논란이 되고 있다.

모든 정치적 사건이 그렇지만 기억 투쟁은 비공식적이고 파편적인 기억들의 재구성이기 때문에 본질이 왜곡되거나, 객관적 사실 자체가 뒤틀려지는 위험성을 내포하고 있다. 호도된 역사가 실천 투쟁을 통해 자기 확신이 되기 때문에 더욱 위험하다. 이 때문에 객관 역사에 대한 엄밀한 검증이 무엇보다 필요하다.

문재인 정부 시절 국가정보원 원훈석에 통일혁명당 출신 고 신영복 교수의 글씨가 새겨져 논란이 된 바 있다. 정권 교체 이후 이 원훈석은 철거되었지만 반국가단체인 통혁당 연루자의 글씨가 국정원의 상징인 원훈석에 새겨진 이 사건은 기억 투쟁의 측면에서 조명해볼 만한 사건이다.

2010년대와 2020년대에 걸쳐 신영복 교수는 '어깨동무체', 혹은 『더불어 숲』의 저자로 대중에게 널리 알려졌다. 그러한 가운데 그의 과거 이력을 둘러싼 논란은 적어도 대중적으로는 상당히 탈각되어 해묵은 색깔 논쟁으로 치부되기도 하였다. 특히, 한 주류회사가 브랜드명과 상표의 글씨체로 '처음처럼'을 채택하고, 이후 그의 글씨체가 국정원 원훈석에 새겨지는 데에까지 이르는 일련의 과정은 기억 투쟁의 측면에서 본다면 일종의 승리였다고도 할 수 있다. 1960년에 적발된 통일혁명당 사건의 그림자를 삭제시키고, '어깨동무체'와 '처음처럼'의 주인공임을 강조하는 것이 그에 관한 기억 투쟁의 승리 전략이었던 것으로 보인다. 그러나 최근 정부의 원훈석 교체 결정에서도 드러나듯이, 개인으로서의 신영복과 통혁당 사건이 완전히 분리되기는 어려운 듯 보인다.

그렇다면, 신영복이라는 개인과 통혁당 사건은 완전한 분리가 가능한 것인지, 여부를 논하기 전에 통혁당 사건을 둘러싼 기억과 서사, 그리고 그 기억 속에서 신영복의 존재를 살펴볼 필요가 있다.

2. 통일혁명당.... 전위조직

공안 기관, 그리고 김질락의 기억

통혁당 사건은 1968년 8월 24일 중앙정보부에 의해 적발된 지하당 조직사건으로 언론에 보도되면서 대중에 알려졌다. 이 사건은 그 규모나 성격에 있어서 한국전쟁 이후 최대의 조직사건이었다. 당시의 보도에 따르면, 통혁당은 전위정당*으로서의 지도이념을 명확히 내걸었으며, "당면의 최고 목표는 민중민주주의혁명을 수행, 부패한 반봉건적 사회제도를 일소하고 민주주의제도 수립, 민족 재통일 성취"를 당 강령으로 삼고 있었다.

---

* 전위정당 레닌의 혁명이론으로 사회 변혁, 혁명을 위해 대중을 선도해야 하는 정당을 의미한다.

통일혁명당의 성격은 그 선언문과 강령을 보면 쉽게 이해할 수 있다.

> **통일혁명당 선언(발췌)**
>
> 장엄한 이 세계사적 격동과 거류 속에서 이북 형제들은 위대한 사회주의 변혁과 경이적 발전을 기하고 단연 세계만방의 선진대오에 앞장섰다. 그러나 국토양단과 민족분열의 비극적 여건하에 우리 한국은 식민지 반봉건적 후진성에서 탈피하지 못한 채 의연 전대미문의 수난 속에서 몸부림치고 있다.
>
> 묻노니 이 모든 통탄할 사태의 근원은 과연 어디에 있는가? 이는 오로지 미제국주의의 군사적 강점과 그 침략정책에 있으며 낙후한 식민지반봉건적 사회 제도에 있다. 미제국주의자들의 총검에 의해 날조된 '대한민국정권'은 그들의 식민지지배를 엄폐하는 위장물이며 우리 인민에게 그것을 강요하기 위한 도구에 불과하다.
>
> 혁명이란 반혁명세력에 대한 혁명세력의 판갈이 싸움이며, 무장한 반혁명은 오직 혁명폭력에 의해서만 타도될 수 있다. 우리 조국의 피압박, 피착취 대중이 반혁명을 타도하고 혁명의 승리를 달성하기 위해서는 반드시 자기자신의 강력한 혁명역량을 준비하지 않으면 안된다.
>
> 통일혁명당의 지도이념은 마르크스·레닌주의를 현 시대와 우리 조국 현실에 맞게 독창적으로 구현한 김일성의 주체사상이다. 주체사상은 40여년 간의 험난한 혁명의 폭풍우 속에서 완벽함을 과시한 우리 시대의 마르크스·레닌주의이다.
>
> 우리 당의 최고목적은 사회주의, 공산주의 사회를 건설하는 것이다.
>
> 한국사회 발전의 현 단계에서 사회주의, 공산주의에로의 진로를 타개하기 위해서는 우선 사회적 전진을 저지하는 식민지반봉건적 사회제도를 소탕해야 한다. 따라서 우리 당의 당면목적은 한국에서 인민민주주의혁명을 수행하여 부패한 식민지반봉건적 사회제도를 전복하고 그 무덤 위에 인민민주주의제도를 건립하며 나아가서 민족의 희원인 국토통일의 대업을 성취하는데 있다. 당은 우리 강토에서 미국 침략군을 격퇴하고 괴뢰정권을 타도하며, 자주적이고 민주주의적인 인민의 정권을 수

립할 것이다.

통일혁명당 강령(발췌)

국토가 있고 주권재민을 고창하나 이는 명색에 불과하고 미제침략자들이 정치, 경제, 군사 등 한국의 일체 권력을 농단하는 실제적 통치자로 되고 있다. '대한민국'이란 가증스런 식민지지배를 분장하기 위한 간판이고 그 정권은 미제침략군과 원조달러에 의해 부지·조정되는 신식민주의의 도구이며 매국배족의 괴뢰정권이다.

미제국주의는 한국경제를 원조에 결박하여 그 요충을 장악하고 식민주의 지배의 효율적 실현을 위해 경제체제를 개편했다. 각종 특혜를 통해 미국 과잉 상품 처리의 중개자, 독점자본침투의 안내자, 대중수탈의 공모자가 될 매판자본가들을 육성하는 일방, 사기적 농지개혁을 시행하여 토착봉건지부 세력을 비호했고 이들을 식민통치의 사회적 지반으로 삼았다.

결과 한국경제는 자립적 성장의 길이 폐쇄되고 무제한한 식민지 약탈과 군사적 부속물로서만 소용되는 대미일변도의 예속경제로 전환되고 의연 전근대적 후진성에서 탈피치 못하고 있다.

한국혁명은 노동계급의 영도하에 사회주의를 지향하는 인민민주주의혁명이며 한국사회의 참된 재생의 길은 곧 여기에 있다.
인민민주주의혁명만이 나라의 자주권을 확고히 담보하고 이민의 자유와 해방을 철저히 실현하며 민족통일의 대업을 성취하는 길이다.

우리 당은 저주로운 식민지반봉건적 사회제도를 전복하고 한국사회의 민족적, 민주적 발전을 기하며 국토통일의 대업을 완성코저 다음의 12개 조 강령을 제시하고 그 실현을 위해 과감히 투쟁할 것이다.

> 1. 미제국주의 식민지통치의 철폐와 자주적 민주정권의 수립
> 2. 파쇼독재체제의 소탕과 사회정치생활에서 민주주의의 실현
> 3. 농·어촌의 세기적 낙후성과 빈궁의 일소
> 4. 중요산업의 국유화와 자립적 민족경제 건설
> 5. 민주적 노동법령의 실시와 노동자들의 사회경제적 처지의 개선
> 6. 여성들의 권익보장과 사회적 지위의 향상
> 7. 민주적 민족문화의 창달과 지식인들의 생활 보장
> 8. 교육의 쇄신과 근로자 자녀들에 대한 무료교육제, 장학금제의 실시
> 9. 선진적 보건제도의 확립과 광범한 무료치료제의 실시
> 10. 자위적 민족군대의 창설
> 11. 자주외교의 구현과 반제평화애호국가들의 우호증진
> 12. 조국의 자주적 평화통일의 성취
>
> 1969년 8월 통일혁명당 중앙위원회

당시 중앙정보부장 김형욱은 "김종태가 전후 4차례에 걸쳐 북괴 김일성과 면담하고 '통일혁명당'을 결성하여 혁신정당으로 위장, 합법화하여 반정부·반미데모를 전개하는 등 대정부 공격과 반정부적 소요를 유발시키려는 데 주력했다."고 밝혔다. 이때 중정은 김종태 등 3명을 포함해 관련자 158명을 검거하여 73명을 검찰에 송치했고, 23명을 불구속 입건했다. 사건의 재판이 진행되는 과정 중 대검찰청의 월간지 『검찰』에서는 '통일혁명당 사건과 그 교훈'이라는 제목으로 사건의 개요와 포섭자의 범위 등을 밝힘으로써 이른바 '북괴'의 대남 전략이 어떻게 작동하는지를 설명하기도 했다. 그리고 1969년

7월 10일에 통일혁명당 서울시당 위원장이었던 김종태의 사형이 집행되는 등 연루자들에 대한 법적 처분이 이루어지면서 해당 사건은 적어도 언론에서는 점차 자취를 감추게 되었다. 사건의 규모에 비해서 이후의 공판 과정에 대한 언론 주목도도 높지 않았다. 그러나 중앙정보부의 외곽단체로 1971년에 창립되었던 북한연구소 등에서는 종종 『북한』지나 『북한대남공작사』, 『북괴도발삼십년』 등의 출간 도서에서 통혁당 사건을 소환함으로써, 통혁당은 북한의 대남공작 운동사에서 대표적인 전위정당으로서의 서사를 독점할 수 있었다.

공안 기관이 구축한 통혁당 사건의 서사에서 신영복은 어떠한 존재였는가? 적어도 1970년대 초까지 통혁당에 대한 서사의 신영복은 중심인물로 언급되지 않는다. 실제로 당시 통혁당 사건에 관한 1968년 8월 24일 중앙정보부의 발표에서 신영복이 개별 피의자 중 한 명으로 등장은 했지만, 사건 주요 인물로 보기는 어려웠다. 1970년대 초반 통혁당 사건을 소환하는 기타 글들에서도 대체로 김종태[*]와 이문규, 때로는 김질락 등을 중심으로 사건의 전개가 서술되었기 때문에, 통혁당 사건의 서사에서 신영복이 등장할 공간 자체가 좁았다.

---

* 통일혁명당 서울시당 위원장. 1969년 7월 10일 사형이 집행됨. 북한은 김종태에게 공화국영웅 칭호를 수여했으며 이후 평양전기기관차공장은 '김종태전기기관차공장'으로, 해주사범대학은 '김종태사범대학'으로 바꾸었다.

김질락이 기억하는 신영복

그런데 통혁당 사건의 서사에 신영복을 등장시킨 것은 다름 아닌 김질락이었다. 김질락은 김종태의 조카로, 그와 함께 통일혁명당 창당을 결의하고 이진영, 신영복 등과 민족해방전선을 구성하였으며, 1967년 김종태와 함께 북한을 방문하여 조선로동당에 입당한 혐의로 구속되었던 인물이다. 김질락은 김종태, 이문규 등과 함께 사형선고를 받았지만, 1972년까지 집행이 미뤄진 상황에서 옥중수기를 집필하였다. 북한연구소에서는 1975년 3월부터 1976년 10월까지 총 21회에 걸쳐 『북한』지에 '주암산'이라는 제목으로 김질락의 이 수기를 게재하였다. 그중 신영복과의 만남, 그리고 그와 함께한 대화 등은 4~5회차 연재에서 집중적으로 다루어졌다. 신영복은 「주암산」 제4화에서 '「새문화연구회」와 신영복'이라는 소절에서 처음으로 소개되었다.

김질락은 「주암산」에서 신영복과의 대화를 비교적 상세하게 묘사하였다. 그는 첫 만남에서 한국경제에 관한 신영복의 전망을 물으면서 속칭 '일해 볼' 의사가 있는지 타진하는 등 적극적으로 다가갔으며, 신영복도 자신의 신상과 활동, 그리고 사상을 허심탄회하게 밝히는 등 상호 간의 신뢰가 빠르게 형성되었다. 둘의 관계가 빠르게 진전될 수 있었던 것은 물론 연결고리인 이진영을 통해 신영복이 『청맥』지의 집필진으로 구성된 새문화연구회의 일원이라는 사실을 김질락이 사전에 알고 있었기 때문이었다. 당시 김질락은 『청맥』지를 발간하는 한편 이진영과 신영복을 통해 조직을 구축하는 역할을 담당하였는데, 『주암산』에 따르면 그들을 정기적으로 만나 교양하는 과정에서 이진영보다는 신영복의 조직 운영을 더 신뢰하고 높게 평가하였던 것으로 보인다.

> 964년 3월 15일. 역사적인 날이 밝아오고 있었다…약속장소에 와서 보니 이미 김질락, 이문규 동지가 와 있었다. 신영복 동지가 들어오면서 분위기는 전보다도 훨씬 고조됐다.
> 그러면 전원 모이셨습니다. 민족의 태양 김일성 장군께서 교시하신 주체의 당 창건 방침을 받들고, 그 사이 동지들께서 필사의 노력으로 분투하신 결과 오늘로써 우리는 <통일혁명당 창당준비위원회>의 결성을 보게 됐습니다.
> 어디까지나 우리 당이 민족의 태양, 김일성 장군의 혁명사상을 구현하기 위한 한국혁명의 전위당인 만큼 당원과 각계의 애국민중을 하나의 혁명전선으로 결속해야 할 것이라는 정치활동의 목표로부터 출발해 우리 당 기관지를 <혁명전선>이라고 하면 어떤가 하고 생각합니다.
> 전원이 찬성했다…철필로 긁은 등사판으로 인쇄된 수십 부밖에 안 되는 신문이었지만 한국에서 발간된 최초의 김일성주의 출판물에 접했던 순간, 편집위원 전원의 눈이 잠시 뜨겁게 빛났다.
> 우리들은 이 힘 있는 정치선전수단으로 보다 많은 김일성주의자를 육성하고 각계각층 애국민중을 하나의 혁명전선, 통일혁명의 깃발 아래 강고하게 결집시키도록 합시다.
>
> 통일혁명당 기관지 <혁명전선>

그렇다면, 김질락이 신영복과의 대화를 수기에 그토록 자세하게 남겼던 이유는 무엇이었을까? 김질락의 옥중수기는 자신의 사상과 활동에 관한 기록이자 그에 대한 성찰과 반성을 목적으로 한 것이었다고 알려져 있다. 이는 수기의 시작과 끝이 모두 자신의 증언을 통한 반성과 사죄로 채워졌다는 점에서도 잘 드러난다. 그리고 통혁당 성원들과의 대화뿐만 아니라, 북한을 방문해서 접한 인물들과의 대화에 관한 세세한 기록은 일종의 증언에 가깝게 느껴질 정도이다.

김질락이 수기를 집필한 시점이 명확하게 밝혀진 바는 없지만, 김종태와 이문규의 사형이 1969년 7월과 11월에 각각 집행된 이후였을 것으로 추정된다. 그런데 안병직 교수의 증언에 따르면 김질락은 사건 적발 이후 비교적 빠르게 전향 의사를 밝혔다고 한다. 게다가 김질락은 이문규의 집에서 발견된 난수표 해독에 협조, 당국이 1968년 8월 제주도에서 무장간첩을 검거하는 과정에 도움을 주었다는 이야기도 전해진다. 따라서 만약 당국이 사형을 면해줄 것이라는 희망을 김질락이 가졌었다면 그 근거는 옥중수기보다는 수사 협조에서 찾아야 할 것이다.

실제로 김질락은 김종태의 사형 집행 이후 국가보안법 제13조의 규정에 따라 감형 또는 면제를 받지 못하였다는 이유로 재심을 청구하였으나 대법원은 1970년 10월 해당 청구를 기각했다. 물론 이 같은 정황 때문에 혹자는 김질락의 수기가 사건의 모든 책임을 김종태에게 귀속시킴으로써 사형을 면해보기 위한 자기변명에 불과하다고 평하기도 한다.

그러나 설령 김질락이 당국의 압력에 굴복했거나 사형 집행을

면하려는 목적으로 수기를 집필하였다고 하더라도, 그것에 기록된 대화 전반의 신빙성에 의문을 제기하기에는 어려운 측면이 있다. 「주암산」은 기본적으로 김질락이 그의 삼촌인 김종태의 인도로 고향에서 서울로 올라와 통혁당을 결성하고 북한을 다녀온 경험에 관한 이야기이다. 그의 수기에서 가장 큰 비중을 차지하는 인물은 단연 김종태인데, 김질락은 그와 나눈 대화는 물론이고, 신영복, 이문규, 이진영과의 대화, 북한을 방문해서 접한 인물들과의 대화 역시도 세세하게 기록했다. 김질락은 아마도 통혁당의 내부사정과 구성원 간의 관계를 통해 자신이 수행한 역할을 설명하고, 전향에 이르게 된 사고의 변화 과정을 기술하고 싶었던 것으로 보인다.

「주암산」에 따르면, 초기의 통혁당 서울시위원회 지도부는 김종태가 주도적이긴 하였지만, 기본적으로는 그와 이문규, 그리고 김질락 3인의 협의체적 성격을 띠고 있었다. 그리고 당시 서울시위원회의 임무는 ①혁명의 대중적 기반 축성 ②당의 조직 강화 ③각종 학술연구 써클의 조직과 당 지도 간부의 양성 ④기초 써클 강화에 의한 당세포 조직의 재편… ⑦모든 조직을 장래 유격대로 발전시키기 위한 전술적 간부의 획득 등이었다.

임무를 달성하기 위한 주요 조직 대상은 학생들이었다. 회고에 따르면 민족주의 단계의 교양이 끝난 자들 중 서울대를 비롯한 고대, 연대, 중대, 숙대 등 주요 대학에 영향력을 미칠 수 있는 자들이 포섭대상이었다.

신영복의 조직 활동이 교양 수준을 넘어서는 단계에 도달했는지는 확실치 않지만 당시 김질락이 조직 내에서 처해 있었던 상황을 미루어볼 때 이해가 되는 측면이 있다.

김질락은 수기에 통혁당을 조직하는 과정에서 겪었던 경제적인 어려움과 앞으로의 성과에 대한 기대감 등을 기술했다. 또한, 신영복을 포섭하고 그를 통해 운영되는 당 조직에 대한 김질락 나름의 자부심은 통혁당 결성 과정에서 이를 올바로 평가해주지 않으려는 김종태에 대한 원망으로 드러나기도 하였다. 적어도 김질락의 통혁당 서사에서는 김종태만큼이나 신영복도 적지 않은 비중을 차지하는 인물이었다고 하겠다.

물론, 김질락의 「주암산」이 통혁당 사건의 반공 서사를 부정하지 않았던 만큼, 해당 수기로 인해 당시 이미 수형생활 중이었던 신영복이 새롭게 조명받거나 회자되지는 않았다. 게다가 반공 서사를 주도하였던 북한연구소와 중앙정보부 당국은 호남과 부산 경북지역까지 확대되어 1979년까지 전개된 통혁당 재건 시도, 그리고 1970년 북한 측에서 발표한 통일혁명당 창당 선언과 '통일혁명당 소리' 방송 등과 같은 대남 침투와 선전을 경계하는 일에 더 주목하였다. 1980년 7월호 『북한』에 게재된 김봉현의 「통일혁명당의 정체」 같은 글이 대표적이라 하겠다. 해당 글은 통혁당 사건의 개요와 중심인물 등에 관한 설명보다는 북한의 대남 전략이라는 차원에서 통혁당 결성의 의도, 그리고 사건 적발 이후에도 통혁당이라는 명칭을 앞세운 대남

선전 등을 중점적으로 다루었다. 이미 십 년도 전에 발생했던 공안 사건을 1980년 시점에 재소환하여 일일이 그 전개 과정과 관련자들을 소개하고 설명할 필요도 효용성도 떨어졌기 때문이었을 것이다. 통혁당 사건에 관한 기억은 반공 서사가 굳어진 채로 그렇게 서서히 소멸해 가는 듯했다.

1980년대 중후반 거의 잠들어가던 통혁당 사건에 관한 기억을 다시 불러낸 것은 북한, 그리고 그에 반응한 당시 운동권이었다.

3. 1980년대 운동권과 한민전의 기억

북한은 1985년 8월8일 '통혁당 목소리 방송'을 통해 '통혁당 중앙위'가 당의 명칭을 '한국민족민주전선'(한민전)으로, '통혁당 목소리 방송'도 '구국의 소리 방송'으로 개칭했다고 발표했다. 80년대 중반 이후 한민전이 한국사회 소위 혁명운동의 실질적 지도의 핵심이었다는 점을 감안한다면 통혁당은 한국 혁명운동의 정점에 서게 된 것이다. 당시 출판되었던 도서를 통해 통혁당의 서사가 어떻게 완성되는지 살펴보자.

「공안사건기록 1964~1968」 (도서출판 세계 / 1986년 12월 출간)

1980년대 북한과 당시 운동권은 통혁당 사건을 다시 소환했다. 북한은 1985년 8월8일 '통혁당 목소리 방송'을 통해 '통혁당 중앙위'가 당의 명칭을 '한국민족민주전선'(한민전)으로, '통혁당 목소리 방송'도 '구국의 소리방송'으로 개칭하였다고 발표하였다.

즉, 통혁당이 공식적으로 해체되고 새로운 대남혁명의 전위조직인 한민전이 공식 출범한 것이다. 주지하듯이, 한민전의 출범은 1980년대 중후반 NL의 등장 및 확산, 그리고 운동권 내 통일전선론•의 수용 및 확산과 밀접한 관계가 있다.

그런데 통혁당 사건의 서사에서 1985년 한민전의 출범과 반제 통일전선론의 확산이 갖는 의미는 무엇보다도 한민전의 전신인 통혁당이 이른바 변혁 운동, 즉 혁명 전통의 정점에 위치하게 되었다는 데에 있었다.

물론 한민전의 출범이 곧바로 통혁당 사건을 소환시킨 것은 아니었다. 다만, 한민전의 출범과 함께 변혁 운동에서도 혁명적 전통을 잇는 지하당의 역할과 역량을 강조하는 주장이 우위를 점하자 운동권은 과거의 공안 사건에 다시 주목했다.

- 통일전선 : 일정한 역사적 조건하에서 이해관계를 같이하는 정당·사회단체 또는 계급들이 동일한 목적을 실현하기 위하여 연합하는 전술

> **한국민족자주선언**
>
> 우리 한국민족민주전선은 이 땅에 태를 묻은 사람이라면 그가 민족주의자이건, 공산주의자이건, 신자이건, 무신론자이건, 해외에 살건, 국내에서 살건, 지난 날 조국 앞에 죄를 지은 사람이건 아니건 상관없이 힘 있는 사람은 힘을 내고, 지혜 있는 사람은 지혜를 내고, 돈 있는 사람은 돈을 내며 민족통일전선에 하나로 뭉쳐 한국의 자주화를 위한 일대 반미구국운동에 결연히 나설 것을 호소한다.
>
> 1985년 7월 27일
> '한국민족민주전선' 중앙위원회

1986년 12월 도서출판 세계에서 펴낸 『공안사건기록 1964~1968』은 인혁당과 동백림, 통혁당, 인혁당 재건위와 남민전 사건 관련 기록을 모은 자료집이다. 수록된 자료는 주로 언론 보도와 검찰 및 수사 당국의 기록, 그리고 재판 기록 정도이며, 편집 주체의 해석이 전혀 가미되어 있지 않다. 다만 서문에서 '수록된 자료의 일면성'에도 불구하고 사건에 대한 기초적인 이해와 분석을 돕기 위해서 해당 도서를 출간하게 되었다고 밝혔다. 이렇듯 『공안사건기록 1964~1968』은 각 사건에 대한 해석은 최대한 배제하였지만, 도서출판 세계의 대표가 연세대학교 운동권 출신의 윤후덕(현 더불어민주당 국회의원)이었다는 사실과 출간 시점 등에서 그 출간 의도와 목적을 짐작해볼 수 있을 것이다.

1988년 11월 도서출판 나라사랑에서 출간한 『통일혁명당』에서는 해당 사건이 아예 남한 '혁명운동'의 흐름 속에서 중심적 위치를 점하고 있다. 『통일혁명당』에서는 한국전쟁 이후 1950년대와 60년대 남한 '혁명운동'을 설명하는 데에 제1부를 할애하였다. 제1부에서 가장 중요한 사건은 단연 4·19이며 이후 혁신계의 조직과 활동이 인민혁명당으로 모인 것으로 설명한다. 제2부와 3부에서는 통일혁명당의 조직과 활동, 1968년 수사 당국에 적발된 경위와 검거 과정을 다루는데, 북한의 대남사업 체계와 조직론 등과 밀접한 관련성 속에서 통혁당을 설명한다는 점이 특징적이다. 마지막 제4부에서는 통혁당 사건 이후 북한의 당 창건 주장과 여러 차례에 걸친 통혁당 재건 사건, 그리고 이후 '혁명운동'의 흐름을 조명하였다. 아울러, 제1부 표지에 '통혁당 사건 무기수 신영복의 옥중편지'라는 제목으로 『감옥으로부터의 사색』 중 일부를 발췌한 것 역시 이 책의 또 다른 특징이라 하겠다.

『통혁당-역사·성격·투쟁·문헌』 (도서출판 대동)

1989년에 출간된 도서출판 대동의 『통혁당-역사·성격·투쟁·문헌』(이하 『통혁당』)은 일본 조총련과 북한에서 생성된 통혁당 관련 문건을 기초 자료로 하고 있다. 서문에 따르면, 필자는 통혁당이 지하당으로서 조직적 완결성을 가진 상태에서 전폭적으로 활동하였다고 파악하며, 검거 이후에도 '생명력'을 가진 채 그 명맥이 한국민족민주전선(이하 '한민전')으로 계승되고 있다고 주장한다. 또한, 통혁당이 북한 조선노동당의 산하단체라는 시각에 대해서는 철저한 김일성주의의 관점에서 볼 때 오히려 자주적이고 독자적인 전위정당일 수밖에 없다고도 주장한다.

이 성명 미상의 필자는 『통혁당』 서문에서 과거 정부 당국이 통일혁명당에 관한 모든 자료를 독점적으로 통제하면서 일방적으로 선전해 온 바 통혁당의 진실을 밝히고자 한다는 출간목적을 밝히면서, 사상·이념과 무관하게 모든 정당과 사회단체의 합법적 활동을 보장할 것을 피력하기도 하였다. 도서출판 대동은 1989년 3월 『통혁당』과 함께 『애국시대』라는 제목으로 통혁당 사건을 다룬 북한의 소설 『돌아보는 얼굴』도 출간하였는데, 당시 대표 배정규는 이미 같은 해 1월 김일성의 1930~1945년 사이의 각종 연설·보고·논문 등을 담은 『김일성 선집』을 출간한 일로 구속된 상황이었다. 또, 그해 12월에는 편집부장 남은경이 북한에서 간행된 이적표현물을 제작 배포한 혐의로 구속되는 등 마르크스–레닌주의 원전을 넘어 북한 도서 간행으로 당국의 수사 선상에 오르내린 대표적인 소위 '운동권 계열'의 출판사였다.

『한국전위조직운동사』 (도서출판 동해)

1991년에 출간된 이주현의 『한국전위조직운동사』는 아예 '해방 후 지난한 준비기를 경과하고 있는 남한사회변혁운동은 1969년 통혁당의 결성으로 하나의 커다란 맥이 형성되고 다시 1985년을 경계로 변혁운동사의 새로운 단계가 열렸다'고 주장하면서, 1920년대의 조선공산당에서 시작, 남로당, 통혁당을 거쳐 1990년대의 한민전에 이르는 혁명 전통의 역사를 정리하였다. 그 과정에서 필자는 1980년 광주를 '운동의 질적 발전을 예고하는 분기점'으로 규정하기도 하였다. 물론 1980년대 후반부터 출간된 이 같은 급진적인 도서들의 통혁당 서사가 대중적인 파급력을 가졌다고 보기는 어렵다. 그런데 통혁당을 이른바 사회변혁 운동의 맥락 속에 위치 지우는 것과 더불어, 이들 도서가 서문에서 한결같이 주장했던 바는 바로 통혁당 사건의 실체가 불명확하다는 것, 그러므로 관련자 진술과 같은 추가적인 자료 발굴을 통해 사건을 재검토해야 하며 특히 학술적 접근이 필요하다는 것이었다. 2~30년 전의 공안 사건을 역사화하는 학술적 접근은 그 자체로서 정당성이 없는 것은 아니나, 이 같은 주장이 과거 공안 당국에 의해 구축되었던 통혁당 서사를 부인하는 것에서 출발한다는 점은 의미심장할 수밖에 없다.

「60년대 조직사건에 대한 역사사회학적 연구: '통혁당'을 중심으로」

　　통혁당 사건을 전위조직운동사의 맥락에서 해석하는 이 같은 관점을 학술 영역으로 끌어올린 것은 조희연이었다. 조희연은 1990년 비판사회학회 학술지 『경제와 사회』 제6호에 논문 「[특집: 남한사회

변혁운동사-조직사건을 중심으로] 60년대 조직사건에 대한 역사사회학적 연구: '통혁당'을 중심으로」를 게재하였다. 조희연은 1980년대 후반 이후에 출간된 도서들과 큰 틀에서 통혁당 서사를 공유한다는 특징이 있다. 여기서 주목해야 할 점은 통일혁명당의 독자성과 대중성에 관한 문제를 학슬 영역의 수면 위로 끌어 올린 조희연의 전략이었다. 조희연은 우선 통혁당이 북의 지령을 받는 하부조직이라는 공안 기관의 시각과는 다르게, 통혁당을 구성하고 있던 성원들이 '전략적 독자성'과 '현실적 지원' 관계의 긴장 사이에서 독자적인 '남한 혁명의 참모부'이자 '독자적인 당'으로 자신들의 조직을 인식하였다고 해석하였다. 이는 '자주성에 입각한 혁명 전통의 흐름'에서 통혁당이 갖는 의의를 강조하는 운동권 계열과 동일한 관점이라고 할 수 있다. 조희연의 이러한 시도는 이후 신영복이 지식인으로 이미지를 탈바꿈하는데 한 역할을 하게 된다.

운동권 진영에서의 쟁점: 한민전은 통혁당을 계승했다?

1980년대 후반 운동권의 통혁당 사건 관련 서사에서 독자성 문제는 양면의 칼날과도 같다. 북한과의 연계성, 즉 통혁당이 조선노동당의 하부조직이라고 주장하는 공안 기관에서 통혁당의 독자성을 부정하는 논리는 대체로 자연스럽다. 그러나 도서출판 대동의 『통혁당-역사·성격·투쟁 문헌』이나 이주현의 『한국전위조직운동사』처럼 통혁당이 한민전으로 계승되었다는 북한 선전자료의 주장을 수용하는 경우, 독자성이 다시 모호해지는 지점에 봉착하게 된다. 『통혁당』에서는 남한의 혁명은 남한 민중의 힘으로 이루어야 한다는 김일성주의에 입각하였다는 점에서 통혁당이 자주적이고 독자적인 당이라고 해석했다. 그리고 『한국전위조직운동사』에서는 남로당 종파주의자들이 저지른 폐해와 한국전쟁으로 자주성에 입각한 혁명의 주체적인 역량이 파괴되었음을 지적하였다. 이는 통혁당이 자주성에 입각한 혁명의 전위조직이었다는 해석으로 이어진다.

이들 도서에서 통혁당과 한민전은 분명한 계승 관계를 갖는다. 『통혁당』은 이 계승 관계로 인한 통혁당의 독자성 문제에 대한 비판을 의식한 듯 ①김일성주의를 지도이념으로 하였다는 점 외에도, ②'통일혁명당의 소리'가 이북에서 방송되는 것은 탄압을 피하기 위해서이며, ③일본과 쿠바에 설치된 통일혁명당 대표부의 존재, 그리고 ④통혁당 사건에서 남파 공작원이 검거된 적이 없었다는 점 등을 근거로 들었다. 그러나 이는 모두 북한 선전자료를 토대로 한 주장일 뿐, 독자성을 설명하는 사실적 근거가 되기는 어렵다.

1980년대 후반의 운동권 진영은 전위조직운동사의 맥락에서 통혁당 사건의 서사를 구축하는 것에만 골몰한 나머지 통혁당 조직과 그 활동의 본질적인 성격에 관해서는 과거 공안 당국의 규정을 그대로 답습하고 말았다. 이에 대해서는 일견 통혁당 관련 자료가 기본적으로 공안 당국에 의해 생산되었다는 한계를 지적할 수도 있다. 그러나 도서출판 대동의 『통혁당-역사·성격·투쟁·문헌』이나 이주현의 『한국전위조직운동사』가 한민전 자료를 전제하거나 부록으로 수록하였다는 점에서 볼 때, 이는 설득력이 떨어지는 지적이다. 오히려 과거 공안 당국과 운동권, 그리고 북한은 통혁당에 관한 평가와 의미부여를 달리하였을 뿐, 조직의 성격과 활동 등 북한과의 연계성에 관한 사실관계만큼은 일정하게 궤를 함께하고 있었다고 보아야 할 것이다.

조희연은 통혁당의 독자성에 관한 운동권적 해석을 수용하는 대신, 통혁당과 한민전 간의 계승 관계를 부정, 혹은 외면하는 전략을 취했다. 그 과정에서 통혁당의 지도이념이 김일성주의나 주체사상이 아니며, 인식 상의 단초가 보이기는 하나 어디까지나 마르크스-레닌주의에 기초한 당적 조직이었다고 주장하였다. 이는 "통일혁명당의 지도이념은 마르크스-레닌주의를 현시대와 우리 조국 현실에 독창적으로 구현한 김일성의 주체사상이다"라는 앞서 언급했던 책들의 주장을 부정함으로써, 오히려 북한과의 관계에서 통혁당의 독자성을 피력하는 것이었다. 또, 『통일혁명당』, 『민족자주화운동론 I』(백산서당, 1988) 등의 도서에서 통혁당의 계승 구도를 노선 간의 차이에 따라 '북로당-통혁당-NL', '남로당-인혁당-CA'로 규정한 것은 부적절하다고 비판하면서도, 통혁당이 한민전으로 계승, 진화하였다는 그들의 주장에 대해서는 아예 다루지 않았다. 물론 이러한 대립각은 전위조직운동사에서 1970년대 후반 남조선민족해방전선준비위원회(이하 '남민전')를 부각하려는 조희연의 의도에서 비롯된 것으로 보인다.

그러나 중요한 것은 1990년대 초반까지 운동권 내부에서 주로 소환되었던 통혁당 사건의 서사가 조희연을 통해 학술 영역이라는 보다 공적인 공간에 등장하게 되었다는 데에 있다. 조희연은 학술 영역에서는 최초로 운동권 진영이 구축했던 서사의 모순점을 지적하고, 이념과 노선은 물론 무장투쟁 등과 같은 활동 등에 관한 그들의 주장을 일정하게 반박하면서 학적 정당성을 선제적으로 획득하였던 것이다. 조희연의 의도와 관계없이 결과적으로 공적 영역에서 통혁당과 북한-한민전 간의 관계를 부정함으로써, 사회변혁운동으로서의 서사만 남겨두는 효과를 거두었다.

4. 통혁당 사건으로부터 분리되기, 그리고 문화 콘텐츠로 거듭나기

1980년대 후반 운동권 진영, 그리고 조희연에 의해 구축된 통혁당 사건의 서사는 당적 조직으로서 통혁당의 이념과 노선, 그리고 활동에 초점을 맞춘 것으로, 그 과정에서 개별 서사가 삭제되었다는 것이 특징이다. 특히, 이념과 노선에 따른 운동사적 계승 관계를 규정하는 논의에서 통혁당의 구성원들의 참여 동기와 배경, 행적 등은 크게 중요치 않았다. 주인공 중 하나이자 관찰자로서의 개별 서사가 담긴 김질락의 『주암산』도 북한의 선전자료 앞에서 주요 자료라는 지위를 점차 상실하였다. 조희연은 통혁당의 내부사정에 대한 사실적 자료로서 『주암산』의 존재를 인정하고 일부 인용하기도 했지만, 기본적으로는 김질락의 자기변명적 기술이며 객관적 시각을 담보하지 못한다고 평가했다. 북한을 다녀온 김종태와 이문규는 물론이고, 거기에 옥중수기까지 남긴 김질락조차도 당 조직의 구성원 정도로만 등장하는 통혁당 서사에서 신영복이 등장할 수 있는 공간은 더욱 좁았다.

사상은 에세이로 윤색되고 수려한 필체만 남았다

이처럼 운동권 진영에서 사회변혁운동으로서의 통혁당 사건의 서사가 활발하게 구축되던 시기인 1988년 9월 『감옥으로부터의 사색』(햇빛출판사)이 출간되었다. 그가 전향서를 쓰고 8·15 특별가석방으로 출소한 지 약 한 달이 지난 시점이었다. 『감옥으로부터의 사색』은 신영복이 가족들에게 쓴 옥중편지를 모은 책으로, 1988년 7월부터 『평화신문』에서 연재 중이었다. 당시 편집국장이었던 김정남에 따르면, 무기수의 글이라는 점에서 연재를 망설였으나 정작 독자들의 호응이 매우 컸다고 한다. 제목 앞에 '통혁당 무기수 신영복의 편지'라는 문구가 삽입되어 있기는 했지만, 『감옥으로부터의 사색』에는 통혁당과 관련된 서사가 거의 드러나지 않는다. 오히려 수형생활의 고뇌와 가족에 대한 그리움 등에 관한 책이다. 게다가 '북한 바로 알기 운동'과 같은 이른바 대중 운동의 영향으로 '통혁당 무기수'라는 저자의 이력에 대한 저항감도 상당한 정도로 무뎌질 수 있었다. 『감옥으로부터의 사색』이라는 책의 제목 그대로, 사색적이고 감성적인 표현과 서술은 그가 통혁당 무기수보다는 에세이 작가로 대중에 알려지는 계기가 되었다.

그렇다면, 신영복이 통혁당 무기수가 아닌 작가이자 서예가, 그리고 경제학자이자 대학교수로 자리매김하게 된 구체적인 과정을 살펴보자. 세실극장 고문을 역임한 이영윤은 신영복의 대학 동창으로 2016년 프레시안과의 인터뷰에서 자신이 신영복의 매니저 역할을 하였다고 자임한 바 있었다. 널리 알려지지는 않았으나, 이영윤 역시 통혁당 사건에 연루되어 6개월의 수감생활을 한 바 있었다. 통혁당 사건이 적발되었을 당시 검찰의 공소장에 따르면, 이영윤은 공군 정훈장교로 신영복에게 포섭되어 이화여대 써클 청맥회원을 대상으로 사회주의 교양, 주한 일본대사관 폭파 음모, 그리고 게릴라 전술 연구에 가담한 혐의가 있었다. 물론 최종적으로 징역 6개월이 선고된 점에서 미루어볼 때 위의 혐의가 전부 인정되지는 않았으리라 짐작된다. 그는 1988년 연말 자신이 운영하는 세실극장 옆 레스토랑에서 신영복의 초대 서예전을 개최하였다. 22년 만에 출소한 친구의 전세금을 돕는다는 이유였다. 그때까지 신영복과는 인연이 없었던 유홍준 명지대 교수를 비롯해 세실극장을 거점으로 교류하던 문화계 인사들이 참석하고 지면에 평을 남겼으며, 총 33점의 작품이 팔렸다고 한다. 이 서예전은 신영복에게 경제적인 보조뿐 아니라, 그가 서예가로 자리매김하는 계기가 되었다. 이후 1993년에 출간된 『엽서』(너른마당)는 신영복의 옥중서한을 영인하여 그의 필체와 감성을 담은 책으로 알려지면서 화제를 모았다.

운동권, 문화계, 자본이 결합해 '상품'으로 거듭나다

이 초대 서예전이 열리기도 전인 1988년 여름, 이영윤은 세실 레스토랑에서 당시 성공회대학교 총장 이재정과 신영복의 만남을 주선했다. 이재정은 1972년 성공회 사제 서품을 받은 후 유신반대 투쟁에 참여하는 등 활발한 재야활동을 하는 과정에서 이영윤과 연을 맺었던 것으로 보인다. 이 만남을 계기로 신영복은 1989년 3월부터 성공회대에서 강사 신분으로 '경제원론'과 '한국사상사' 강의를 시작, 1998년에 사회과학부 교수로 임용되었다. 신영복은 1965년 서울대학교에서 경제학 석사를 취득한 이후 사실상 연구자로서의 경력은 단절된 상태였다. 그리고 출소 이후 쌓은 그의 커리어는 에세이 작가이자 서예가에 가까웠지, 학술 논문을 발표하여 실적을 쌓는 연구자로서의 커리어와는 거리가 있었다. 그가 대학에서 강사 신분으로 '경제원론'을 강의하는 데에는 석사학위가 충분한 자격요건이 었을 수 있으나, '한국사상사' 강의를 담당하기에 충분했는가에 대해서는 의문이 남는다. 게다가 강사 임용 이후 『엽서』, 『나무야 나무야』(돌베개, 1996) 등의 도서 출간을 제외하고 두 영역에서 별다른 학술적 연구성과가 없었던 그가 1998년 시점에서 사회과학부 정식 교수로 임용된 것은, 강사로서의 오랜 경력을 고려하더라도 운동권·시민사회와 밀착해 있었던 성공회대학교의 특수성을 제외하고는 설명하기가 어렵다.

정식 교수로 임용된 이후 신영복은 2010년대 중반까지 철저하게 개인으로서 각광받는 사회 저명인사가 되었다. 1998년 『더불어 숲』(중앙 m&b)의 출간 이후, 2000년대 후반까지 『감옥으로부터의 사색』(돌베개, 1998), 『엽서』(돌베개, 2003), 『더불어 숲』(돌베개, 2003) 등의 재출간이 반복되었다. 잘 알려진 바와 같이 2006년 2월 국내 주류회사에서 그의 글씨체를 따와서 소주 '처음처럼'을 출시하기도 하였다. 곧이어 2007년에 서화 에세이 『처음처럼』(랜덤하우스코리아)이 출간되었다. 반복되는 재출간은 그의 글이 대중적 호소력이 있었음을 의미하기도 하지만, 소주 '처음처럼', 그리고 에세이 '처음처럼'의 출간은 시민사회와 학계, 문화계, 그리고 자본이 결합하여 기획한 성공적인 '상품'으로서 신영복의 면모를 잘 보여주기도 한다.

통혁당 사건과의 연루 부정하기

그런데 신영복은 많은 수의 에세이집을 출간하였음에도 불구하고, 통혁당 사건이나 그것을 연상시킬만한 이야기는 거의 쓰지 않았다. 질문에 직면하였을 때, 그는 오히려 통혁당 조직과의 관련성을 일체 부인함으로써 통혁당 서사와 거리를 두고자 하였다. '통혁당 무기수 신영복의 편지'라는 문구가 제목 앞에 붙었던 『감옥으로부터의 사색』 초판본이 출간되었을 때, 그리고 같은 해 출간된 『통일혁명당』에 그 일부가 발췌 수록되었을 때와는 그의 입장이 사뭇 달라졌던 것일까. 신영복은 2006년 6월, 그러니까 '처음처럼' 소주가 출시되고 약 3~4개월이 지난 후, 한홍구 성공회대 교수와의 인터뷰에서 통혁당 사건에 관해 언급하였다. 당시 『한겨레21』 제615호 중 『한홍구의 역사이야기』에서 한홍구는 신영복의 답변을 다음과 같이 기술하였다.

① "그런데 나도 이번 인터뷰를 하면서 처음 알았지만, 신영복은 최고 책임자로 발표된 김종태나 조국해방전선 책임자로 발표된 이문규 등 핵심 간부들은 사건이 날 때까지 만나본 적도 없다는 것이다. 이문규야 학생운동 선배라서 이름 정도는 들어보았지만, 김종태에 대해서는 이름도 들어보지 못했다는 것이다. 신영복이 김질락과 만난 횟수는 『청맥』 잡지사에서 여러 사

람이 같이 모인 것까지 합쳐 전부 10번 안팎일 것이고, 김질락의 집에서 이진영과 함께 따로 만난 것은 5번 정도라 하니 참으로 비싼 징역을 산 셈이다."

② "신영복은 민족해방전선이 조직한 산하단체라 발표된 경제복지회나 경우회, 동학혁명회 등은 각각 역사가 오랜 자생적인 단체로서 자신과 개인적인 관계를 맺었을 뿐이고, 김질락 등과의 모임에서 학생운동 동향에 대해 논의하면서 이야기했을 뿐인데, 사건에 연루돼 고생하게 되었다면서 미안해했다. 중앙정보부가 엄청나게 부풀린 것이냐는 질문에 대해서는 그런 측면도 분명 있지만, 또 한편으로는 김질락 등이 북에 산하단체라 보고한 것 같다고 덧붙였다."

③ "통혁당에 가입한 적도 없고- 실제 통혁당은 그가 투옥된 이후에 조직된 것으로 북에서 발표됐다- 김질락 이외에는 통혁당 지도부인 김종태나 이문규를 만난 적도 없으면서 대표적인 통혁당 지도간부로 인식되는 무기수 신영복은 이렇게 탄생했다."

위 칼럼에 따르면 신영복은 통혁당과 자신의 관련성을 3회 부인했다. ①에서는 김질락과 만난 사실 자체를 완전히 부인하지는 못하였지만, ②에서는 김질락의 진술 때문에 자신이 관계한 써클들이 연루되었다고 진술했다. ③에서는 아예 가입한 적이 없다고까지 표현했다. 어디까지나 전언 형태의 기술이므로 신영복의 말이 실제로 어떠하였는지는 알 수 없다. 그러나 위 칼럼은 해석의 영역에서 이미 상당한 정도의 정치적 편향성을 띤 것이었다.

특히, '실제 통혁당은 그가 투옥된 이후에 조직된 것으로 북에서 발표됐다'는 부분은 기존에 파악된 사실관계와도 부합하지 않는 것이었다. 북한은 오히려 통혁당 조직과 지도부의 실체를 인정하고 이후 그것을 선전에 이용한 사실이 공안 기관은 물론 한민전 문건에서도 이미 나타났기 때문이다. 이는 통혁당의 실체 자체를 부인하려는 시도였다고 할 수밖에 없을 것이다. 게다가 ①의 하단에서 '참으로 비싼 징역을 산 셈'이라는 표현이나, ③에서 '김질락 이외에는 통혁당 지도부인 김종태나 이문규를 만난 적도 없으면서 대표적인 통혁당 지도간부로 인식되는 무기수 신영복은 이렇게 탄생했다' 등은 진술이라기보다는 신영복의 답변에 붙인 집필자의 해석에 불과하다. 한홍구의 칼럼은 통혁당 서사에서 신영복의 존재를 지우는 것이라기보다 신영복의 개인 서사에서 통혁당의 존재를 지우는 것에 가까웠다. 이렇게 신영복은 에세이집 출간과 교수임용, 그리고 상품화의 과정을 밟아나가는 과정에서 통혁당의 그림자를 벗고, 작가이자 서예가, 나아가 2010년대에는 사상가이자, '시대의 스승'으로 자리매김할 수 있었다.

5. 통혁당 사건의 서사로부터 분리되려는 또 다른 시도들

통혁당 사건을 둘러싼 기억 투쟁은 현재진행형이다. 거대 문화상품이 되어버린 신영복은 개인 서사로 통혁당 서사를 극복할 수 있었다. 그러나 그와 같은 상품성을 가지지 못했던 연루자들은 정치와 사법의 영역에서 주로 투쟁했다.

정치 권력을 기반으로 기억 투쟁에서 승리한 대표적인 인물은 박성준 전 성공회대 교수이다. 한명숙 전 총리의 남편으로 더 잘 알려진 그는 2006년 3월 문화일보와의 인터뷰에서 통혁당 사건이 일부 사실이나 자신은 무관하다고 피력했다. 신영복 역시 2~3개월 뒤 한홍구와의 인터뷰에서 박성준과 동일한 논리로 통혁당 사건과의 관계를 부인했다.

이와 관련해 안병직 교수는 2011년 『한국 민주주의의 기원과 미래』 중 「민주화 운동과 민주주의: 좌익운동을 중심으로」에서 박성준과 신영복의 부인은 물론이고 통혁당 사건이 조작되었다는 일각의 주장까지 반박했다. 그럼에도 불구하고, 신영복이라는 거대 문화상품, 그리고 그의 글씨체를 국가정보원 원훈석과 청와대에 새기는 정치 권력의 지원 속에서 통혁당 사건을 둘러싼 기억 투쟁은 신영복과 통혁당의 승리로 점차 기울어져 가는 양상을 보였다.

그러한 가운데 사법부는 2021년 7월 통혁당 사건에 연루되었던 고(故) 박경호에 관한 재심에서 무죄를 선고했다. '피고인은 당시 중앙정보부 수사관에 의해 적법한 영장 없이 연행됐고 불법 체포·감금 사실이 인정된다. 피고인에 대한 수사기관에서의 조서, 진술서 등은 임의성 없는 자백으로 증거능력이 없고 압수된 서적 등도 공소사실을 인정하기에 부족하다'는 것이 이유였다. 이 같은 사법부의 판단이 통혁당 사건을 통해 밝혀진 기초적인 사실관계, 특히 북한과의 연계 문제까지 뒤집지는 못했지만, 그 조직과 연루되었다고 밝혀진 개별 서사의 구축에 끼치는 영향력은 작지 않았다. 곧이어 박성준에 대한 재심 역시 2021년 9월에 개시가 결정되었으며, 그는 올해 1월 무죄를 선고받았다. 통혁당 서사를 그 자체로서 부정하기보다는, 개별 서사로서 그것과의 연루를 부정하는 방식의 전형이다.

2022년 6월 대한민국 정부의 국정원 원훈석 교체 결정은 무엇을 의미하는가? 통혁당 사건과 연루된 개개인의 기억 투쟁은 통혁당 서사를 완전히 전복시키지는 못했다. 그동안 통혁당에 관한 서사에서 가장 중심적인 위치를 점했던 북한과의 연계에 관한 문제는 공안 기관은 물론이고 북한, 그리고 NL 운동권 그 누구도 부정한 적이 없었다. 핵심 지도부에 속하였던 김질락의 수기에 대해 객관성의 문제를 제기하는 것에서부터, 북한의 자료를 인용·전제한 도서의 출판, 수사의 적법성을 묻는 재심 청구 역시도 통혁당 사건의 실체 그 자체를 부정한 것은 아니었다.

신영복은 2012년의 11월 이화여대에서 열린 '정재승, 신영복 교수 특별대담 – 여럿이 함께 숲으로 가는 길' 다시 한번 통혁당의 실체를 부정하고자 시도했지만, 구성원과 관련되는 질문이 이어지자 자신이 연루되었음을 부정하는 선에서 그칠 수밖에 없었다. 1980년대에는 운동권, 1990년대 이후에는 시민사회와 학계, 문화계의 지원과 지지를 토대로 2010년대 이후 문화 권력과 정치 권력을 득한 신영복, 박성준 등이 기존의 통혁당 사건의 서사에서 자신의 존재만을 삭제하는 '반쪽 승리'를 거둔 것. 이것이 오늘날 통혁당 사건을 둘러싼 기억 투쟁의 현주소이다.

6. 기억 투쟁의 최종 승리자

신영복을 존경한다는 이들에게 통혁당에 대한 질문을 던지면 돌아오는 대답은 두 가지이다. 첫째는 박정희 정권 당시 독재에 저항하는 투쟁이었다는 것, 둘째 통일혁명당은 박정희 정권에 의해 조작된 사건이라는 것이다.

그들은 그들이 믿고 따르는 시대의 스승이 대한민국을 부정하는 혁명조직의 일원이었다는 사실을 받아들이고 싶어하지 않는다. 그들에게 신영복은 독재로 신음하는 조국의 민주화를 위해 헌신적으로 투쟁하다 정권의 음모로 억울한 옥살이를 하고 민주화된 조국에서 비로소 누명을 벗게 된 영웅이어야 한다. 신영복에게 존경을 보냄으로써 독재정권에 저항하는 민주시민의식을 가진 소위 깨어있는 시민으로서의 자신을 과시하고 싶어한다.

비단 통혁당 뿐 아니라 한국 근현대사에 존재하는 모든 사건의 독재 정권의 거대한 음모에 의한 조작된 민주화 투쟁으로 스토리텔링 되었다. 검찰과 공안기관은 무장해제 되었고, 국가 권력은 악마화되었다. 정직하고 진지한 성찰은 사라졌고, 국가권력이라는 가해자와 민주화운동세력이라는 피해자만 남았다. 그리고 기억 조작으로 탄생한 피해자의 중심에 신영복이 서 있다. 기억 투쟁의 최종 승리자의 깃발을 휘날리면서…

> 신영복은 에세이집 출간과 교수임용, 상품화의 과정을 밟으면서 통혁당의 그림자를 벗고, 작가이자 서예가, 나아가 '시대의 스승'으로 자리매김할 수 있었다.

신영복을 가교로 민주화 운동과 종북주의 운동은 경계를 허물고 하나가 되었다. 우리 사회는 어느새 북한을 찬양하고 북한의 지령을 받던 자들과 독재정권에 맞서 싸웠던 이들을 구분조차 하기 어려워졌다. 그들은 모두 신영복을 존경한다는 공통점을 공유하며 스스로도 종북주의자였는지 조차를 잊어버린 채 말이다.

3장

신영복은 어떤 사람인가
상징과 코스프레

김창우

국가정보기관

1. 신영복에게 대한민국은 무엇이었나

신영복이 우리 사회를 바라보는 인식은 단편적이고 피상적이었다. 그의 세계관은 편협하고 근시안적이었다. 그는 우리 사회를 두고 근대화와 서구사회에 의식이 예속된 식민지종속국가라고 주장했다. 그의 주장은 북한에서 일관되게 주장하는 바와 유사함을 확인할 수 있다.

2005년 발간된 「나의 동양고전 독법 '강의'」에 신영복의 이러한 사상적 일면을 엿볼 수 있는 글이 있다.

우리의 대학 시절인 60년대는 참으로 절망적이었습니다. 내가 59학번이거든요. 휴전 협정이 53년에 체결되었지요. 일제 식민지 잔재에서부터 해방 후의 예속적 정치권력, 부정과 부패 그리고 한국전쟁의 처참한 파괴와 상처가 채 가시지 않은 환경에서 대학 생활을 하게 되지요. 우리 것에 대한 최소한의 자부심마저 갖기 어려운 상황이었습니다. 그 유일한 탈출구를 근대화에서 찾고 있었습니다. 이른바 '근대 기획'이 우리 사회의 목표였다고 할 수 있습니다. 구체적으로는 미국 문화와 유럽 문화를 다투어 받아들이고 그것으로 치장하려고 하였지요. 사회의 상층부에 속하는 대학 사회와 대학 문화가 당연히 더 적극적이었고 그런 관점에서 더 많은 영향을 받고 있었지요. 우리의 의식을 지배했던 것이 근대화와 서구 문화였습니다. 지금도 다르지 않습니다만 우리 것에 대한 최소한의 자부심마저 허락하지 않는 불행한 문화였습니다.

「신영복의 강의」 서론

신영복은 1960년대 대한민국 근대화를 우리 것을 잃어버리게 만든 불행으로 인식하고 있었다.

우리나라가 해방을 맞이했던 1945년 전후의 세계는 두 차례에 걸친 세계대전을 끝낸 후에 평화를 맞이할 것을 기대했던 미국이 속내를 드러낸 스탈린의 소련 전체주의적 속성에 경악하며 우왕좌왕

할 때였다. 냉전은 시작되었지만 미국의 느슨한 정세 판단을 이용한 소련이 야심을 숨기지 않았던 시기였다.

1950년 1월 당시 미국무장관 에치슨의 선언으로 한국이 미국의 방어선에서 제외되고 미국 주둔군이 철수하자마자 1950년 6월 25일 소련을 등에 업은 김일성이 불시에 남침하여 한반도에서 전쟁이 시작되었다. 대한민국 국민 누구도 원하지 않았던 이데올로기 대리전쟁이 김일성에 의해 시작된 것이다. 미국은 직접 참전함과 동시에 소련을 사상의 조국으로 삼는 공산주의 진영에 맞서는 자유 진영의 동맹체제를 갖추었다. 자유 진영의 연대는 한국전쟁을 시작으로 공고해졌고, 1991년 소련이 망할 때까지 냉전이 지속되었다.

한국전쟁이 끝난 후 세계는 완벽하게 둘로 쪼개져 대립했다. 한국은 지정학적 운명에 따라 자유 진영의 최전선에 서게 되었다. 북한을 포함한 공산주의 진영은 소련을 중심으로 전 세계가 노동자 중심의 사회주의국가가 될 때까지 혁명을 멈추지 않겠다고 선포했으며, 미국과 서구 유럽을 중심으로 한 자유민주주의는 인류가 발견한 최고의 가치인 개인 존중, 개인의 자유를 중심으로 한 민주공화제를 정치 체제로 내걸고 한 치도 물러서지 않았다. 한국전쟁이 냉전의 한복판에 있었던 것이다.

위의 「강의」에서 신영복의 '60년대는 절망적이었다'고 하는 한탄이 냉전 세계의 최전선이 된 대한민국의 고달픈 운명을 슬퍼한 거라면 이해할 수 있다. 그러나 그는 식민시대와 전쟁의 폐허에서 간신히 모양새를 갖추던 신생 대한민국과 우리를 둘러싼 세계정세를 도외시한 채 정체성마저 부정했다. 해방 이후 우리의 상황은 처참했다. 국민의 80% 가까운 인구가 한글을 모르는 문맹이었고, 최빈국이었다. 시대를 거슬러 구한말에는 전 국민의 60%가 노비 신세를 면치 못했고, 일제 식민시대에는 이류 신민에 불과했다. 안타깝지만 당시 한국인 대다수는 개인의 자유와 가치라는 단어는 들어보지도 못한 상태였다.

아이러니하게도 6·25전쟁을 견뎌내면서 한국인은 자유인으로 의식의 개화를 이루었고 전쟁의 아수라장 속에서 민주주의를 선택해 대한민국을 구축했다. 김일성은 전쟁을 일으키면 남한 인민 100만이 봉기하여 단숨에 승리할 거라고 소련을 설득했다. 하지만 100만 명이 목숨을 바쳐 자유를 지켰다.

그런 사실을 도외시한 신영복이 "우리의 것에 대한 최소한의 자부심을 지니지 못한 채 탈출구를 찾았던 처참한 상황이었다."라고 하며 한탄하는 건 그 의도를 의심하게 된다.

의심의 여지없이 냉전의 최전방에 서서 전쟁에 시달릴 때 자유진영의 도움으로 탄생한 나라가 대한민국이다. 전쟁이 끝난 후에는 공동의 가치를 공유한 우방의 도움과 국민 각자의 노력으로 나라를 재건했다.

세계와 발을 맞추며 근대화와 서구 문화를 받아들였던 대한민국의 자유주의와 자본주의 노선에 대해 신영복이 깊은 거부감을 보인

걸 보면 그 숨은 의도가 추측된다. 그가 19세기 말 20세기 초, 시대의 유행을 따라 순진한 환상을 좇았던 맑스주의자라는 사실 말이다.

집단사회를 가치의 중심으로 한 공산주의는 유토피아적인 이상국가와 도덕을 부르짖었다. 원래 악마는 도덕으로 포장하고 공격하는 법이다. 인류사를 통틀어 그런 사례는 수도 없이 확인할 수 있으므로 여기서는 일일이 언급하지 않겠다.

어쨌거나 그는 일평생 반서구 문화와 자본주의 모순의 입장을 견지하고서 탈근대화 내지 탈자본주의를 주장하면서 인류사적 문명의 흐름을 좇아 자본주의 체제를 구축하는 우리 사회를 불행한 문화라 단정했다. 따라서 그는 죽을 때까지(또는 죽은 후에도) 자신의 신념을 실천하는데 골몰하였고 자유 대한민국의 정체성을 부정하였다. 그 증거는 여기저기 남아 있다.

몇 가지 예를 들어보자.

신영복은 2003년 인문교양 계간지 「황해문학」과의 인터뷰에서 북한체제와 주체사상을 옹호하고 대한민국의 정체성을 부정하는 발언을 한 바 있다.

> 한민족의 세계와의 관계 방식에 있어서의 2개의 축이 있는데, 그 하나는 주체성입니다. 민족의 내부결속과 단결을 통하여 주체성을 강화하는 방식이었다고 보여집니다. 남한의 경우는 개방을 통해서 문화적, 물질적으로 성장한 반면에 민족의 주체성

을 잃고 종속화되어 있다고 할 수 있는 것이지요.

「황해문학」 2003

대한민국이 개방을 통해서 문화적 물질적으로 성장하였으나 민족의 주체성을 잃고 종속화되었다고 말한다. 이는 당시 친북적 학생운동권과 사상적 맥을 같이하는 사회인식이다.

신영복이 말하는 민족의 주체성이란 무엇인가?

주체사상에서 말하는 주체성은 일반적으로 통용되는, 개개인 각자의 확고한 가치와 철학에 바탕을 둔 정체성을 기반으로 한 명확한 신념을 말하는 것이 아니다. 표면적으로는 '사람이 모든 것의 중심이며 모든 것을 결정한다'고 주장하고 있으나 그 실체는 개별 사람이 아니라 수령-당-대중으로 이어지는 사회 집단의 주체성을 말하는 것이다. 이 때문에 수령의 자질이 중요한데 주체사상에서 말하는 수령의 자질을 가장 잘 구현하고 있는 사람이 바로 김일성이다.

결론적으로 주체성의 의미는 김일성에 의해 민족의 정통성이 지켜졌다는 것이다. 대한민국은 점령군 미군에 의해 점령당한 미국의 식민지 국가이고, 북한은 항일투쟁 속에서 민족의 정통성을 지켜온 주체국가로 선전하고 있다.

그들의 주장에 의하면 대한민국 국민들은 미국의 식민지 치하에서 억압을 받으며 민족적 주체성이 부족한 상태에 빠져 있으므로 민족적 정통성과 주체성이 있는 북한에 의해 민족해방이 되어야 한다는 것이다.

아래 글은 1982년 3월 북한의 김정일이 발표한 '주체사상에 대하여' 중 일부이다. 신영복의 말하는 주체성의 의미와 북한의 주체성을 보면 그 의미가 다가 올 것이다.

> 사상에서 주체를 세우기 위하여서는 자기의 것에 정통하여야 합니다. 자기 나라의 것을 잘 알아야 혁명과 건설에서 나서는 모든 문제를 자주적으로, 자체의 실정에 맞게 풀어나갈수 있으며 혁명과 건설을 자기 인민의 지향과 요구에 맞게 해나갈수 있습니다. 또한 그래야 자기 조국과 인민을 열렬히 사랑하고 애국적 헌신성과 혁명적 열정을 높이 발휘할수 있습니다. 조선사람은 조선의 력사와 지리, 경제와 문화, 조선인민의 풍습을 잘 알아야 하며 특히 우리 당의 정책과 우리 당의 혁명력사, 혁명전통을 잘 알아야 합니다. 그래야 주체가 선 참된 조선의 애국자, 조선의 공산주의자가 될수 있습니다. 사상에서 주체를 세우기 위하여서는 높은 민족적자존심과 혁명적자부심을 가져야 합니다. 자기 민족이 남만 못지 않다는 민족적자존심, 혁명하는 인민으로서의 긍지와 자부심이 없이는 제정신을 가지고 자주적으로 살수 없고 민족적독립과 존엄을 지킬수 없으며 간고한 혁명투쟁에서 승리할수 없습니다. 민족적자존심과 혁명적자부심이 강한 민족은 불패이지만 그렇지 못한 민족은 무력합니다. 오래동안 남의 압박을 받아온 작은 나라 인민일수록 높은 민족적자존심과 혁명적자부심을 가지는것이 더욱 필요합니다. 지난날 제국주의의 식민지동화책동과 민족문화말살정책으로 말미암아 민족허무주의와 사대주의가 뿌리깊이 남아있는 작은 나라들에서는 민족적자존심과 혁명적자부심을 높이기 위한 투쟁을 특별히 강화하여야 합니다.
>
> 출처: '주체사상에 대하여' 중 4. 주체사상의 지도적 원칙 2)사상에서의 주체 중 발췌

신영복의 말과 위의 글에서 큰 차이점을 발견할 수 있는가? 신

영복이 황해 문학과 인터뷰를 한 시기는 2003년이다. 기억해보라. 2002년 대한민국은 월드컵을 개최한 나라였다.

전 세계가 한국을 주목했다. 한국인만이 뿜을 수 있는 붉은 열정이 거리를 메웠고 외신들은 앞다투어 한국의 붉은 악마들을 보도했다. 월드컵 역사에서 볼 수 없었던 한국의 힘이었고 한국의 문화였다. 그런데 신영복은 2003년 인터뷰에서 대한민국이 주체성을 잃었다고 말했다. '주체사상에 대하여'의 내용을 참고해 보면 2003년 그의 심장이 어디에 있었는가 짐작이 가능한 부분이다.

같은 인터뷰에서 신영복은 미국에 대한 비판과 북한 핵에 대한 옹호의 시각도 보였다.

> 북한의 의도와 미국의 의도를 나눠서 본다면 북한은 70년대 초반부터 지속적으로 미국과의 평화협정을 주장했어요. 그런데 미국이 늘 기피했죠. 그래서 사실은 핵 카드의 의미가 체제보장이라고 지금 흔히 알려져 있듯이 휴전체제를 평화체제로 전환하고 북한이 자기들의 경제문제에 전력투구할 수 있는 조건을 만들려고 하는, 이런 평화체제를 위한 협상용의 성격이 저는 북한 핵의 기본이라고 봅니다. 한편 미국의 입장에서 보면 중국과 러시아를 상대로 하는 동북아의 새로운 냉전 구조에 대비한, 또는 새로운 적을 만들어 내는 미국의 전통적인 국가전략과 관련해서 북한 핵을 다루고 있다고 할 수 있습니다.　「황해문학」

이러한 신영복의 주장은 한반도 전쟁 위협의 당사자는 미국이며 북한은 거대한 미국에 맞서 불가피하게 핵 무장을 할 수 밖에 없다는 논리이다. 북한의 핵은 사실상 한반도를 미국의 전쟁침략으로부터 지켜주는 평화의 우산이라는 종북주의자들의 주장과 같은 맥락이다.

이와 더불어 북한이 미국을 상대로 평화협정체결을 주장하는 것은 곧 평화협정을 체결한 후에 유엔군을 해체하고 미군을 철수시켜 한반도를 북한을 중심으로 통일하겠다는 것이 기본 방침이다. 평화라는 말은 일견 도덕적으로 정당해 보이지만 북한이 주장하는 평화의 개념은 우리 대한민국 국민들이 생각하고 있는 평화의 개념과는 질적으로 다르다. 북한의 평화 개념은 북한의 주도하에 통일이 되어 전쟁이 필요하지 않는 상황을 만든다는 것이다. 신영복이 몸 담았던 통혁당이 심장의 조국을 남이 아닌 북에 두고 있었음을 상기해 본다면 그가 말하는 평화란 김일성 정권에 복속하는 것이 아니었을까.

2. 사회주의자 신영복의 변치 않은 면모

사회주의자 신영복의 입장은 1996년 8월 월간 「말」지와의 인터뷰에서도 드러난다.

사회주의가 실패한 것은 사실이나 사회주의의 긍정성에 대한 많은 사람들의 공감이 있는 한 그 장점은 역사 속에서 계속 살아남는다.

새로운 조건에서 새로운 시도가 필요하고, 역사적으로 사회주의적 이념은 자본주의를 수정해 내고 규제해 내는 훌륭한 역할을 해냈었다.

월간 「말」 1996.8

1993년 5월 월간 「길」지에서의 신영복 인터뷰를 보자.

오늘날의 변혁운동도 다양한 입장 차이를 뛰어넘으려는 노력에만 머물러서는 안되고 다양한 인적 구성, 다양한 세대 차이를 뛰어넘어서 변혁 전통을 통합해 내려는 노력도 중요하다고 봅니다. 제가 젊어서 통혁당을 할 때만 해도 늘 선배가 없다는 생각을 했고 불만을 가졌다.

교도소에 들어가서 일제하, 만주 팔로군, 대구 10 1사건, 구 빨치산 신 빨치산… 그분들을 만나면서 단순히 역사로서 이해하던 해방 전후의 정치상황을 피가 통하고 살이 통하는 것으로 이해하게 되었습니다. 나로서는 감동적인 경험이었지요. 그런 힘들이 우리 사회의 저변에 잠재해 있습니다. 그렇기 때문에 패배는 없고 언제나 승리라는 말이 있는 거지요. 혁명세력이 집권하지 못했다고 해서 프랑스혁명은 실패했다고 한다든지, 관군에게 패배했다고 동학혁명이 실패했다고 하는 말이 어리석은 이유가 여기에 있다고 봅니다.

월간 「길」 1993.5

　주체사상에는 혁명적 낙관주의라는 말이 있다. 혁명 승리에 대한 확고한 신념으로 어떠한 시련도 이겨내자는 내용이다. '혁명적 낙관주의'는 항일 빨치산 시절에 눈 속에서도 혁명적 신념을 잃지 않고 혁명 승리를 낙관하며 살았다던 빨치산 1세들의 모범을 따라 수많은 인민이 아사했던 북한의 '고난의 행군' 시기 노동당이 당시 북한 주민들에게 강조한 사상이다. 신영복은 '패배는 없고 언제나 승리'라는 말에서 남한의 변혁운동 세력에게 바로 그 '혁명적 낙관주의'를 제시하고 있다.

　이처럼 신영복은 위장 전향으로 출소 후에 성공회대학교 교수로 재직하였고, 2006년 퇴임 후에도 석좌교수로 활동하면서 통일혁명당 사상을 은밀하게, 때로는 분명하게 전파했다.

3. 김일성의 사람 신영복

　신영복은 1968년 숙명여대 강사를 거쳐 육군사관학교 교관으로 근무했다. 이후 '통혁당' 사건에 연루되어 무기징역을 선고받고 20

년 만에 가석방되었다. 통혁당은 북한 노동당의 지령을 받고 자금을 수수하면서 지하활동을 한 대남적화혁명의 전위정당이다. 김일성은 6·25전쟁시 실패한 적화통일의 기회를 4·19의거 때도 연거푸 놓치게 되자 그 원인으로 남한내 지하혁명당의 부재에 있다고 연설했다. 즉 1961년 9월 「조선노동당」 제4차 당대회에서 김일성은 소위 '조국의 평화적 통일에 관한 사업총화보고'를 통해 "남한의 혁명이 제국주의를 반대하는 민족해방혁명이며 봉건세력을 반대하는 민주주의 혁명이라는 것과 이 투쟁에서 승리하기 위해서는 마르크스-레닌주의를 지침으로 하여 노동자, 농민을 비롯한 광범한 민중의 이익을 대표하는 혁명적 당을 가져야" 함을 역설하였다. 그 지침에 따라 남한내 지하혁명당으로 구축된 것이 바로 통일혁명당이었던 것이었다.

신영복은 1988년 전향서를 쓰고 수감생활 20년만에 가석방되었으나, 1998년 8월 월간 「말」지와 인터뷰에서 사상 전향을 부인하였다. 또한 통혁당 가담은 양심문제라고 주장 하였다.

"전향서를 썼던 것은 사상을 바꾼다거나 그런 문제는 아니고 밖에서 사회활동을 하는 가족들이 그게 좋겠다고 권해서 한 겁니다. 전향서를 썼느냐 안 썼느냐가 문제의 본질은 아니라고 생각해요. 감옥 안에 있으면서 내가 왜 그토록 어려운 일에 뛰어들었는가에 상당히 진지하게 고민해 봤는데 결론은 양심문제였어요."라며 자신의 실체를 간접적으로 드러내었다. 그리고 인문학적 감성을 동원하여 자신의 전향서를 거짓으로 그리고 기회주의적으로 쓰게 된 사실에 대해 양심 문제라며 교묘히 합리화하였다.

김일성이 신영복을 얼마나 아꼈는가를 드러내주는 한가지 사례가 있다.

남베트남이 북베트남에게 패망한 1975년 4월 30일, 이대용 주남베트남 경제공사는 대사관 직원과 교민을 본국으로 안전 귀환시키는 철수 본부장직을 맡고 있었다. 김영관 당시 주남베트남 대사 등 대부분의 공관원과 교민들이 이미 남베트남의 수도 사이공(지금의 호치민市)을 떠난 뒤였다. 사이공 공항까지 북베트남(공산 베트남)군의 포격을 받는 위기일발의 상황에서 한 명이라도 더 안전하게 귀국시키려 안간힘을 쓰다가, 북베트남 정보공작 특별경찰조직인 안녕내정국에 의해 체포됐다. 치화형무소에 수감된 그에게 외교관의 치외법권을 규정한 빈 협정은 한낱 휴지 조각에 불과했다. 1평도 안 되는 독방에서 10개월 동안 햇빛 한번 못 보고 지낼 때도 있었다. 체중이 78kg에서 42kg으로 줄어들 정도로 참기 어려운 고통 속에 자살 충동을 느낀 적이 한 두 번이 아니었다. 그리고 전향시키려는 공산 베트남 측의 '가이따우'(인간개조) 공작에 꿋꿋이 버텼다.

이대용 공사와 서병호·안희완 두 영사가 억류되자 본국에서 비상이 걸렸다. 당시 박정희 대통령은 중앙정보부와 외교 공관망을 총동원해 석방 교섭을 펴도록 독려했다. 하지만 공산화된 베트남과 외교관계가 단절된 데다 냉전하에 남북관계가 큰 걸림돌이 되었다. 북한 김일성이 베트남 적화통일 후 '남조선 해방'을 부르짖고 있는 가운데 김정일이 지휘하는 노동당 제3호 청사가 북송공작에 뛰어든 것이다. 78년 인도 뉴델리에서 남·북한과 베트남 간 비밀 3자회담이 열렸지만, 돌파구는 열리지 않았다. 북한이 이대용 공사 등의 북송을 목표로 하고, 여의치 않으면 남한내 수감 간첩과의 교환을 추진하려 한 까닭이었다. 국제법의 보호를 받는 외교관과 간첩을 바꾸고자 하는 것은 상식 밖의 일이 아닐 수 없었다.

북한은 이대용 공사를 비롯 대한민국 외교관 3명과 대한민국 감옥에 수감되어 있던 북한 간첩 등 21명의 북송 송환 조건으로 베트남과 협상했다. 당시 김일성이 송환을 요구한 남한 내 수감 간첩 명단에 신영복이 포함되어 있었다. 아니 신영복이 포함된 것이 아니라 필두였을 것이다. 신영복은 통혁당 사건*으로 인해 최고 지도부가 처형되고 20년형을 선고받아 복역 중이었으므로 살아남은 자 중 통혁당 최고위급 인물이었다.

그러나 힘과 국익만이 우선인 국제사회에서 영원한 적도, 우방

• 1964년 서울에서 북한의 지령과 공작금을 받아 지하당을 조직한 간첩사건으로, 158명이 검거되고 50명이 구속된 1960년대 최대의 공안사건이었다. 당시 이 사건의 주동자였던 김종태는 북한공산집단의 대남사업총국장 허봉학으로부터 당시 7만달러에 달하는 공작금을 받고 남파된 거물간첩이었다. 그들은 북한노동당의 지하조직인 통일혁명당을 조직하고 남로당원과 좌익 지식인·학생·청년 등을 대량 포섭한 후 무장봉기하여 수도권을 장악하고 정부를 전복시키려다 일망타진되었다.

도 없는 법이다. 공산화 통일에 성공한 베트남이 당시 지역분쟁 중이던 캄보디아를 대대적으로 침공(1978년 12월 25일)하자, 위협을 느낀 중국이 견제에 나서게 된다. 중국과 입장을 같이 하고 있던 북한도 베트남에 캄보디아 철수를 요구하면서 북한과 베트남은 외교적 틈이 벌어졌다.

베트남 정권은 중국과의 갈등으로 인해 1980년 4월 12일 마침내 이대용 등 3명 외교관을 대한민국으로 일방적으로 보내버리면서 북한과 베트남의 교섭이 무산되었다. 만약 그 때 베트남이 북한 우리 외교관을 석방과 한국 내 수감 간첩을 북송하는 교환협상을 타결했다면 아마도 신영복은 북한에서 여생을 보냈을지도 모를 일이다.

4. 신영복은 어떻게 우상이 되었나.

징역의 원인은 사라지고 연민만 남았다

2014년 중반 피부암 선고를 받고 2년여 동안 투병생활을 했던 신영복은 2016년 1월 15일 향년 75세로 명을 달리했다. 그가 교수로 재직했던 성공회대학교 둘레길에는 신영복을 추모하는 '더불어숲길'과 신영복 추모공원이 있다.

서울시와 구로구의 이름이 새겨진 '더불어숲길' 입구에는 '이곳은 주민들을 위해 서울시와 구로구, 성공회대학교, 사단법인 더불어숲이 함께 조성한 더불어숲길입니다. 숲길 곳곳에는 더불어 사는 세상을 추구하신 고 신영복선생님(성공회대 석좌교수)의 뜻이 담긴 서화작품을 전시하였으며 이곳을 찾는 주민들에게 마음의 쉼터가 되었으면 합니다."라는 안내 현판이 세워져 있다.

더불어숲길 곳곳에는 신영복의 글이 전시되어 있다. 신영복을 우상화한 작업이라 해도 과언이 아니다. 통혁당 간첩 신영복의 실체는 지워지고 시대의 스승 신영복만 남았다. 왜 이런 현상이 발생한 것일까?

신영복은 「감옥으로부터의 사색」에서 이렇게 말한다.
「감옥으로부터의 사색」은 1988년 특별 사면되어 출소한 후 출간된 신영복의 옥중서한이다.

없는 사람이 살기는 겨울보다 여름이 낫다고 하지만 교도소의 우리들은 없이 살기는 더합니다만 차라리 겨울을 택합니다. 왜냐하면 여름 징역의 열 가지 스무 가지 장점을 일시에 무색케 해버리는 결정적 사실 - 여름 징역은 자기의 바로 옆 사람을 증오하게 한다는 사실 때문입니다. 모로 누워 칼잠을 자야 하는 좁은 잠자리는 옆 사람을 단지 37℃의 열 덩어리로만 느끼게 합니다. 이것은 옆 사람의 체온으로 추위를 이겨나가는 겨울철의 원시적 우정과는 극명한 대조를 이루는 형벌 중의 형벌입니다. 자기의 가장 가까이에 있는 사람을 미워한다는 사실, 자기의 가장 가까이에 있는 사람으로부터 미움받는다는 사실은 매우 불행한 일입니다.

일반적인 수형자라면 누구나 할 수 있는 이야기를 특별한 인생철학인 양 그럴듯하게 말하고 있다. 문재인 대통령은 이 말이 가장 뜻깊었다는 걸 연설을 통해 알린 바 있다. 대통령의 연설은 신영복의 고난을 상기시키고 강조하게 된다. 이런 방법은 상징을 확충하고 확대하는 일이다. 막연하게 떠오르는 핍박받는 사상가라는 이미지의 힘은 사람들의 정서를 건드리고 분노를 자아내게 하는 효과가 있다.

신영복을 추종하는 사람들은 감옥살이를 하게 된 원인이 되는 사건을 잊어 버린다. 다만 독재정권에 맞서 힘든 감옥살이를 지혜롭게 견딘 우국지사에 대한 동정과 연민만이 가득하게 된다. 신영복 또한 사람들의 감정과 감수성을 건드려서 본질을 변형하는데 특별한 재주가 있었다. 한때 세간의 베스트 셀러가 된 「감옥으로부터의 사색」은 그 최고봉이라 할 수 있다.

교도소라는 전혀 다른 상황에 내던져진 충격 속에서 어떻게든 당시 생각을 기록해두면 언젠가 잃어버린 세월을 기억해내는 데 도움이 될 것이라고 생각했지만 긴 글은 물론이고 짧은 글조차 통제된 집필 도구와 장소, 시간 등으로 여의치 않았다. 그래서 이달엔 이런 얘기를 한번 써야지 하고 마음먹으면 한 달 내내 그걸 생각하면서 거의 완벽한 문장 형태를 머릿속으로 미리 정리했다.

「감옥으로부터의 사색」

감옥으로부터의 사색은 통일 혁명을 꿈꾸는 이들에게 단비와 같은 구심점이 되었다. 그들은 진보와 김일성주의를 구분하지 못하는 사회주의의 추종자들에게 지혜를 듬뿍 담은 성찰의 글로 소개하기 시작했다. 여기저기서 신영복을 추앙하기 시작했으며 우상화가 시작되었다. 몇 가지 사례를 소개하겠다.

출간 당시에 경향신문은 "새벽이슬처럼 맑으면서도 정신이 번쩍 들게 하는 특별한 책"이라고 평했다. 레이디경향 모 기자는 "신교수는 인터뷰에서 이 옥중 편지를 읽은 사람들이 이제는 감옥 밖에서 사는 그에게 도통한 모습을 기대할 때가 많아 곤혹스럽다는 유머 섞인 답을 내놓기도 했다"면서 "강산이 몇 번 변했지만 이들이 인생의 책으로 꼽기에 주저하지 않는 이 책은 이제 고전의 대열에 당당히 올랐다."고 평하고 있다. 심지어 신영복의 어느 추종자는 「감옥으로부터의 사색」을 프랑스의 사상가 몽테뉴의 「몽테뉴의 수상록」에 비견

되는 옥중 문학의 백미라 추앙하기도 한다. 감옥으로부터의 사색은 오랜 기간 감옥살이를 겪은 이의 나날의 심정과 지루한 날을 승화시키려 노력한 에세이다. 인간적으로는 고통의 나날이었을 것이다. 그러나 진정한 성찰로 이어지지 못한 그의 심정은 진실을 비틀어서 억압했던 것 같다. 선비의 풍모를 닮은 글과 그림 어디에도 개인의 자유와 가치에 대한 언급을 찾아볼 수 없다.

글씨체를 통한 대중적 이미지 창출에 성공

상징은 그리스어로 심볼론(symbolon)에 어원을 두고 있다. 고대 신화에서는 상당 부분이 생사를 넘나드는 권력 쟁취 다툼 와중에 승리를 위한 비정상적인 경쟁 과정의 상황에서 힘과 정당성을 상징적으로 내포하고 있는 기법을 보여주고 있다. 대표적인 상징의 하나인 네잎클로버는 행운을 상징하고 있다. 네잎클로버를 보면 누구나 행운을 떠올린다.

그 옛날 전쟁에서 깃발은 상징 그 자체이다. 전대협, 한총련 등 학생들의 집회와 시위를 보면 웅장한 음악과 함께 깃발이 시위장을 메우면 시위 참가자들의 감성과 결의는 최고조에 이른다.

이처럼 언어나 이미지가 직접적이고 명료한 의미 이상의 그 무엇을 포함하고 있을 때 비로소 상징적인 것이라고 한다. 칼 융(Jung

C.G.)은 "상징이란 비교적 잘 알려져 있지 않지만, 그 존재에 대해서는 의심할 수 없는 어떤 사실들을 가능한 한 완벽하게 나타내주는 표상이다."라고 정의한 바 있다. 우리 사회에 이러한 상징적 기법이 교묘하게 일반 국민들 속에서 그 어떤 목적적 의도와 이념적 이미지가 숨겨진 채 부화(孵化)하고 있는 것이 있다.

소주 '처음처럼'에 신영복 글씨체를 비즈니스화하여 주당들의 입맛 선호도를 통해 자연스레 우리의 일상에서 친숙하게 신영복의 정신이 스며들게 하고 있는 것이 대표적이다. 기발한 문화적 의식화 사업이 전개되고 있는 것이 바로 그것이다.

"깊은 사색이 허락된 현실의 공간은 작은 엽서 한 장뿐이었다. 그러나 종이는 작을지언정 담긴 뜻은 크고 넓었다."라며 레이디경향 강은진 객원기자는 "무엇보다 서예가로서의 그의 명망은 저자로서의 명성을 넘을 정도였다. 따뜻함이 배여 있는 '쇠귀체'를 창안했다. 특히 대중에게 잘 알려진 것이 소주 '처음처럼'이다. '처음처럼'은 신 교수가 즐겨 쓰던 문구와 글씨다. 당시 신제품 개발을 마치고 제품명을 고민하던 주류 업체 두산은 광고를 담당하고 있던 크로스포인트의 손혜원 대표가 신 교수의 문구 '처음처럼'을 추천했다고 한다. 이렇게 시작된 인연은 손 대표가 더불어민주당 홍보위원장을 맡으며 새 당명 '더불어'까지 이어졌다고 한다. 더불어민주당의 '더불어'도 신 교수의 저서 「더불어 숲」에서 따온 것이다. 그는 자신의 문구와 글씨체가 사용하도록 허용할지 모두 확신할 수 없는 상황에서 '서민들이 가장 많이 즐기는 대중적 술 소주에 내 글이 들어간다는데 마다할 이유가 없다'고 말했다고 한다. 신 교수가 끝까지 저작권료를 받지 않아 업체는 그가 몸담고 있던 성공회대에 장학금 형식으로 기부했다고 한다."라고 언급했다.

소주 '처음처럼'과 더불어민주당의 당명 '더불어'의 대중적 이미지 홍보의 배경을 신영복의 성장을 통해 언급하고 있다. 이러한 대중적 상징 이미지 중 신영복의 진실성에 회의적이고 부정적인 애주가 입장에서는 처음처럼 소주를 왕왕 외면하고 있는데 주류업체를 이어받은 롯데는 애주가들에게 '무엇이 문제냐'는 등 개의치 않은 반응을 보였다. '처음처럼'을 외면하는 소비자보다 '처음처럼'을 즐겨 찾는 소비자가 매출에 도움이 된다는 판단에서 였을 터이다.•

이처럼 신영복은 그림과 글씨체를 통해 대중적 이미지 창출에 성공했다. 이러한 그의 이미지를 가장 잘 활용한 대표적인 인물이 문재인 전 대통령이다. 그는 신영복 글씨체를 국가안보의 최첨병인 국가정보원 원훈석에 새겼다.(2022년 6월 중순 철거) 신영복의 글씨체는

• 현재 국내 소주업계의 2위인 롯데주류는 두산이 좌파진영과 친노세력이 결탁하여 사랑한 "처음처럼" 소주를 인수하여 매출이 큰 폭으로 신장했다. 언론 보도에 따르면 2006년 3월 16일 한국방송기자클럽 초청토론회에 참석한 열린우리당(당시 집권 여당) 정동영 의장이 "요즘 소주 중에서 잘 팔리는 게 처음처럼"이라고 밝힌 바 있다. "처음처럼"을 열린우리당 공식 구호로 사용하면서 친노좌파가 사랑하는 소주가 되었다는 것도 통설이다.(출처, 미디어워치)

서울경찰청의 비전 표어에도 새겨져 있으며, 또 국립대전현충원에 안장된 홍범도 장군 유해 묘비석에도 새겨져 있다. 그리고 청와대 비서실 직원들에게 신영복의 '춘풍추상' 액자를 돌렸다. 과연 신영복을 존경한다는 문재인스러운 행보였던 것 같다. 그런데 이상한 점은 우리 국민 대다수가 이러한 행보에 대해 문제를 제기하지 않았다는 점이다. 천천히 스며들 듯 시대의 지식인으로 상징화된 신영복이 국가안보의 상징인 국가정보원 앞마당까지 스며들었지만 우리 사회는 무감각해져 버렸다. 우상화와 상징화가 어떤 무기보다도 무서운 이유는 바로 이 때문이다.

역사의 피해자로 거듭난 신영복

코스프레(cospre)는 '게임이나 만화 속의 등장인물로 분장하여 즐기는 일'을 일컫는다. 피해자 코스프레는 '피해자가 아닌 사람이 오히려 피해자인 척하는 것을 비유적으로 이르는 말'이다. 신영복과 롯데주류는 상징적 이미지를 이용하여 피해자 코스프레를 한 바 있다. 신영복은 20년형의 감옥생활을 하였다. 자신은 인문학 공부를 통해 마치 도통한 듯이 억울한 징역 피해자 코스프레를 하고 있고, 신영복 추앙자들도 신영복이 죄를 뒤집어쓰고 부당한 옥살이를 하였다는 피해자 코스프레에 공감하고 있다. 반국가사범인 신영복이 출소한 이후에 베스트셀러 저자가 되고, 성공회대 교수가 되고, '시대의 스승'되면서 그의 옥살이는 부당하고 억울한 일이 되었고, 통혁당은 반국가단체가 아니라 독재정권에 의해 조작된 민주화운동의 이미지를 획득한 것이다. 그러나 통혁당은 소위 좌파들도 인정하는 명확한 북한의 지령을 받은 반국가단체이다. 신영복의 희생자 코스프레는 그렇게 우리 사회의 경각심을 무너뜨렸다.

피해자 코스프레의 한가지 예를 더 들어보자.

소주 '처음처럼'을 판매하는 롯데주류는 2013년 2월 14일 소셜 운영팀이 운영하는 공식 블로그에 "으아니! 처음처럼이 좌빨소주라니요! 거짓부렁은 이제 그만~!"이라는 글을 올린 적이 있다.

> 으아니! 처음처럼이 좌빨소주라니요! 거짓부렁은 이제 그만~!
> 혹시 그런 이야기 들어본 적 있으세요?
> "처음처럼을 한 병 마실 때마다 좌빨 진영에 얼마씩 대준다더라"
> 아이고. 대체 이건 웬 날벼락같은 소린가요. 처음처럼 블로그지기인 저는 들어본 적이 없지만, 군이나 정치권에서는 심심찮게 떠도는 소문이라고 하더라고요. 사실, 처음처럼을 둘러싼 이 괴소문은 꽤 오래 전부터, 그러니까 처음처럼이 태어날 때부터 따라다니던 오해였지요.
> 처음처럼 좌빨소주 괴담, 어디서 시작했을까?
> 처음처럼이 일명 좌빨소주라는 괴담은 꽤 구체적입니다. "처음처럼" 서화를 그리신 신영복 성공회대 석좌교수님께서 처음처럼의 상표와 관련하여 저작권을 보유하고 계시고, 한 병이 팔릴 때마다 이 저작권 사용에 의한 로열티를 몇십 원 씩 받고 계시고, 이 돈이 종북 세력의 자금으로 쓰인다는 내용인데요. 아무래도 신영복 교수님

> 께서 통혁당 사건으로 옥살이를 하셨기 때문에 그에 따라 빚어진 오해인 것으로 추측됩니다. 게다가, 지난 2006년에는 열린우리당의 초선의원 모임 이름이 '처음처럼'이기도 했죠.
> 저희 처음처럼 입장에서는 이런 괴담에 억울할 뿐입니다. ㅠㅠ
> 처음처럼 괴담, 믿지 마세요
> 처음처럼이 종북 단체를 후원한다는 괴담은 정말 괴담일 뿐이라는 거예요. (이 얘기가 정말정말 하고 싶었어요!!) '처음처럼'의 의미는 "소비자 여러분의 만족을 위한 초심을 잊지 않겠다"는 것과 "술을 마신 다음 날에도 처음 술을 마실 때처럼 활기차게 돌아올 수 있는 술"이라구요.
>
> 처음처럼 블로그 2013. 2. 14.

이 글만 보면 마치 신영복체에 대한 사회적 편견으로 처음처럼의 시장 점유율에 문제가 생긴 것처럼 보이기 십상이다. 그런데 사실 2012년 처음처럼 점유율 하락은 하이트진로와의 '전기분해 알칼리환원수' 논쟁으로 시작되어 품질에 대한 소비자의 싸늘한 반응으로 벌어진 사항이지 좌파탄압이라는 내용과는 전혀 무관한 사항이었다. 그럼에도 이 주류업체는 마치 '처음처럼'의 판매부진이 해묵은 색깔 전쟁 때문인 것처럼 상황을 호도했고, 피해자 코스프레를 벌었다. 종로에서 뺨맞고 한강에서 화풀이 하는 식의 유치한 홍보전략은 좌파진영에게 어느 정도 결집의 효과를 미쳤는지 2013년에는 점유율 17%로 상향되었고 2,939억 원의 매출을 올려 2012년(2,761억 원) 대비 6.4% 성장했다. 상품의 품질을 향상시키기 보다는 소비자의 감성과 분노에 기댄 유치한 방법이었지만 이 방법은 시장에서 통했다. 신영복이 보인 피해자 코스프레와 맥을 같이하고 있었기 때문이었다.

동양고전이라는 갑옷을 입은 신영복

신영복은 「나의 동양고전 독법 강의」 서론에서 동양고전에 접하게 된 배경을 언급한다.

> 나는 사회과학 입문, 정치경제학 등 사회과학부 강의를 맡고 있지요, 전공이 경제학이구요. 그런데 왜 동양고전 강독 강의를 하고 있는지 궁금하리라 생각합니다. 내가 본격적으로 동양고전에 관심을 갖게 된 것은 아무래도 감옥에 들어간 이후입니다. 감옥에서는 특히 독방에 앉아서는 모든 문제를 근본적인 지점에서 다시 생각하게 됩니다. 감옥의 독방이 그런 공간입니다. 우선 나 자신을 돌이켜보게 됩니다. 유년 시절에서부터 내가 자라면서 받은 교육을 되돌아보게 되고 우리 사회가 지향했던 가치에 대해서 반성하게 됩니다. 무기징역을 선고받고 옥방에 앉아서 생각한 것이 동양고전을 다시 읽어보자는 것이었습니다.
>
> 「나의 동양고전 독법 강의」

감옥이라는 독특한 배경 속에 접하게 된 주역을 비롯한 논어 맹자 노자 장자 묵자 순자 유가 법가 등 동양고전을 섭렵하며 터득한 신영복의 인문학적 소양은 신영복 추종자들에게 사상가로서의 신영복의 면모를 감성적으로 강화시켜 주고 있다. 지식인의 입장에서 무기징역을 받고 그 장구한 세월을 보낼 수 있는 방법으로서는 독서와 깊은 고뇌가 제격이 아닐 수 없다. 그러나 그가 심오한 인문학적 경지에 이르렀다면 자신의 신념과 사상의 오류에 대한 정직하고 진정성 있는 성찰이 가감없이 보여야 한다. 그러나 그의 글 어디에도 통혁당 시절에 대한 성찰은 찾아볼 수 없다.

출소 직후에는 전향서를 쓴 것이 조직과 동지를 배반한 것이 아니라던 것과는 달리 시간이 지남에 따라 통혁당 활동 자체를 부인하는 형태로 자신의 이미지를 탈각해 나갔다. (이와 관련한 자세한 내용은 2장 참고) 사회변화의 대중의 의식 수준에 발맞추며 교묘히 사회주의 혁명가에서 대한민국의 참 지식인으로 이미지를 갈아타는 과정에서 신영복은 통혁당 활동에 대한 그 어떤 반성이나 성찰을 보이지 않았다.

신영복이 즐겨쓰는 고전을 인용하면 '중용에서 이르기를 하늘과 인간을 연결하는 것은 중용이라고 했다. 천명지위성(天命之謂性) 솔성지위도(率性之謂道) 수도지위교(修道之謂敎)로서 군자는 신기독야(愼其獨也)'라고 했다. 하늘의 명은 본성이요, 그 본성을 따르는 것은 도이며, 도를 닦는 것은 가르침을 일컫는 것으로서 군자는 그 아무도 없는 곳에서도 홀로 근신을 한다는 뜻이다. 아마도 필자가 보는 관점에서 보면 신영복이 진정으로 자기 성찰과 반성을 했다면 대한민국에서 나름 진정한 스승의 반열에 올랐을 수도 있지 않을까? 즉, 아무도 없는 곳에서 또, 아무도 보지 않는 곳에서도 중용의 신독의 자세를 가졌다면 진정한 스승이 되었을 것이다. 그러나 아쉽게도 그는 현란한 언어로 삶을 성찰하고 반성할 지언정 자신의 인생의 가장 큰 획을 그었던 사회주의혁명가로서의 인생은 제대로 성찰하지 않았다. 그래서 그의 모든 글은 '사상적 전향을 회피하고자 하는 본질 회피의 수단이 아니었을까'라는 의문을 갖지 않을 수 없다.

5. 민주화와 종북의 계선을 무너뜨린 신영복

신영복을 추종하는 이들은 신영복이 경쟁을 통한 성취와 쾌락을 추구하는 현대인들의 사고방식을 비판하고 진정한 인간적 고뇌에 주목함으로써 시대의 모순에 맞서는 일에 동참할 것을 가르치고 있다고 언급하고 있다. 특히 「나무야 나무야」라는 수필집에서 허난설헌의 무덤을 찾아 오죽헌의 신사임당과 비교하면서 봉건적 사회의 구조적 모순을 지적해내는 상징을 부각하고 있다. 이것은 신사임당보다 허난설헌의 무덤을 통해 자신의 사상적 저변을 자신도 모르게 투영시키고 있는 것이라고 할 수 있다.

부산대 교정 서쪽 끝 건설관(구 도서관 자리)에 부마항쟁(1979. 10·16 부산·마산 항쟁)기념 비석이 있다. 비석은 "민주주의 신새벽 여기서 시작하다."라는 신영복의 글씨체가 새겨져 있다. 실제 부마항쟁에 참여했던 정광민 작가는 "왜 10·16의 민주화 시발 기념비에 통혁당 간첩전력자의 흔적이 담겨 있어야 하는가"라며 「10월 청년이 온다」라는 책을 발간하기도 했다.

부마항쟁 기념석에 새겨진 신영복의 글씨는 신영복이 민주화 세력의 대표주자가 되어 통혁당으로부터 이어져 내려온 종북주의 운동이 민주화 운동으로 탈바꿈하는 상징적인 의미가 있다. 신영복을 가교로 민주화 운동과 종북주의 운동은 경계를 허물고 하나가 되었다. 우리 사회는 어느새 북한을 찬양하고 북한의 지령을 받던 자들과 독재정권에 맞서 싸웠던 이들을 구분조차 하기 어려워졌다. 그들은 모두 신영복을 존경한다는 공통점을 공유하며 스스로도 종북주의자였는지 조차 잊어버린 채 말이다.

어느 블로그는 신영복의 정체에 대해 언급하고 있다. 다음은 블로그 내용 중 일부이다.*

> 그 분이 여러 글로써 유명해지고 또 그에 걸맞게 '시대의 스승'으로까지 운위되면서 부터의 그 분의 행적에 대해서는 잘 모른다. 몰랐다는 것은 어패가 있다. 관심을

---

* [출처] 신영복, 김원봉, 6·25 남침(南侵)에 관여하다|작성자 참마음

> 두지 않았다고 하는 게 정확한 표현일 것 같다. 나는 그 분이 그 후 어떤 진보성향의 대학교에 적을 두고 있다는 걸 알았을 때 그저 그러려니 했지만, 내심 어떤 확신감이 들었다. 그 때부터 그 분에 대한 관심을 접었다. 그 분이 서울 상대 재학 때부터 마르크시즘 신봉자였다는 것은 잘 알려진 사실이다. 그런 이념이 고리가 돼 엮여진 게 통일혁명당 사건이고 이 사건으로 인해 그는 20년의 감옥 생활을 한 것이다. 그런데, 그 분은 석방된 후에도 그 이념을 청산하지 못 했던 것 같다. 사상범에게는 완전 전향이 있을 수 없다는 원칙이 그 분에게도 그대로 적용되고 있는 게 아닌가 싶다. 경제학 교수를 하는 그에게는 항상 진보적 경제학자라는 타이틀이 따라 붙었고, 남북한 관계에 있어서도 북한 쪽에 기우는 태도를 견지했다. 보수정권 시절의 '진보적'이라는 수식적인 타이틀은 말하자면 사상적 경계심을 요하는 레테르인 셈인데, 그것을 신영복 이 분은 아무런 거리낌 없이 달고 살았다. 이른바 양심범적인 태도였다고나 할까. 그러니까 이 분을 한 마디로 요약하자면 '미전향 유기수'였던 셈이다.

이처럼 블로그의 주인은 신영복이 20여년의 옥살이에서 석방된 이후에도 공산·사회주의자로서의 자신의 정체를 고수한 '미전향 유기수'라는 사상범임을 잘 적시하고 있다.

2022년 10월 12일 김문수 경사노위 위원장은 '문재인 전 대통령이 김일성주의자'라며 그 근거로 그가 신영복을 존경하기 때문이라고 이유를 들었다.

앞서 언급했듯 신영복은 문재인 정권 이후 속된 말로 대한민국의 인싸(인사이더의 속어)가 되었다. 문재인 정부 이전에도 신영복은 충분히 사회 곳곳에 스며들었지만 문재인 정권 이후 수많은 정치인들이 신영복에게 공개적이고 노골적인 존경과 찬사를 보낸 적은 없었다.

문재인 전 대통령은 신영복 타계 1주기 추도식에서 직접 추모사를 낭독하기도 했다. 앞서 언급한 국정원 원훈석 뿐 아니라 문재인 정부 전반에 신영복의 그림자가 함께 했다. 청와대 곳곳에는 춘풍추상(春風秋霜)이라는 신영복의 글씨가 걸렸고, 문재인 대통령 시계에는 '사람이 먼저다'라는 신영복의 글귀가 새겨졌다. 서울경찰청 등 공공기관 곳곳에 신영복의 글씨가 걸렸다. 이쯤 되면 문재인 대통령은 신영복을 존경하는 것을 넘어 신영복을 추종하는 것에 가까울 정도이다.

심지어 평창올림픽을 방문한 북한 고위급 대표단 김여정 앞에서 신영복을 존경하는 사상가라고 밝히기까지 했다. 통혁당 사형수 김종태는 북한에서 공화국 영웅이 되었고, 통혁당 장기수 신영복은 남한 대통령이 가장 존경하는 위인이 되었다. 역설적으로 통혁당 사건 반세기만에 남북이 통혁당으로 대동단결하는 아이러니한 장면이 아닐 수 없다.

문재인 정부의 신영복 사랑은 어떻게 설명해야 할까?

민주화세력은 신영복의 화려한 인문학을 타고 자신들의 친북적 사상을 휴머니즘으로, 공동체주의로 탈색한 것이다. 그들은 신영복의 무엇을 존경했을까?

그들의 심장에 새긴 지난 날의 사상을 변화된 시대에 맞춰, 대중의 구미에 맞춰 그럴 듯한 말로 포장해 준, 그래서 그들이 소리쳐 말하고 싶었으나 차마 꺼내지 못했던 심장 깊은 곳의 사상을 누구나 공감할 수 있게 세상에 퍼뜨려준 그에게 감사와 존경을 표한 것이 아닐까?

신영복의 아름다운 언어를 타고 종북주의 사상은 민주화 운동이라는 갑옷을 입고 우리 사회 곳곳에 퍼졌다. 좌우가 공히 공감하는 반국가단체 통혁당은 어느새 민주화 운동의 한 지류로 그 옷을 갈아입고 있었다.

6. 시대의 스승에서 시대의 우상으로

한겨레신문과 신영복

신영복의 우상화에는 〈한겨레신문〉이 그 중심에 있다. 2012년 〈한겨레신문〉 토요판 '신영복의 그림사색'이라는 칼럼을 연재했다.

2016년 1월 한겨레 신문에는 '신영복은 본디 붉은 경제학자였다'라는 칼럼이 실렸다. 칼럼의 내용을 일부 살펴보자.

> 2004년 〈주역〉에서 법가까지 자신의 동양고전에 대한 해석을 담은 〈강의〉를 펴내며 근대의 존재론적 인식을 넘은 관계론적 철학을 이야기할 때도 그의 반자본주의적인 입장은 여전히 또렷했다.

고전을 알기 쉽게 소개시켜 주는 지혜로운 인문주의자나 소주병에 글씨를 쓴 탁월한 서예가로만 신영복을 기억할 수는 없는 까닭이 여기에 있다. 그에게 인문학은 정치경제학 인식을 실천으로 매개할 하나의 방편이었을지도 모른다. 인간을 억압하고 착취하는 구조를 인식한 이가 진정한 변화를 도모하기 위해 필요한 연장이 바로 인문정신이었기 때문이다.

…

그는 관념화되고 있다는 지적에 대해서는 "사회적 실천은 내포를 강화하는 일도 중요하지만 외연을 확대하는 일이 훨씬 더 중요하다"고 답한 바 있다. 그의 글처럼 "여럿이 함께 가다 보면 길이 생긴다"는 의미다. 그러나 시민적 자유와 복지 시스템 등 근대(존재론적인 사회)가 구현한 제도조차 이루지 못한 유사 파시즘 국가인 한국에서 일종의 탈근대 담론인 관계론적 세계관이 일견 공허해 보이는 것도 사실이다. 이제 그가 남겨놓은 '희망의 원리'를 진보의 도구로 벼리는 일은 남겨진 우리들의 몫이 되었다.

「한겨레신문」 오승훈 기자

이러한 신영복에 대한 우상화 중심의 한겨레에 대해 가차없이 비판 하고 있는 기자들이 있다. 미디어펜 조우석 주필은 신영복 교수에 대한 사회 일각의 과잉추모 분위기에 일침을 놓은 바 있다.

조 주필은 〈누가 신영복을 '좋은 지식인'으로 포장하나〉 〈신영복 띄우기…대한민국은 '좌파 동물농장'인가〉 〈신영복 '배신의 DNA' 한국사회 망쳐왔다〉 〈좌파매체 드디어 '붉은 본색' 드러냈나〉 등의 연속 칼럼을 통해 '신영복 추모' 과잉 열기에 쓴 소리를 했다. 조 주필은 "신영복, 역사상 최대 간첩단인 1968년 통혁당 사건으로 무기징역을 선고받은 그가 '감옥으로부터의 사색' 등 저술로 젊은이들에게 끼친 해악은 무시무시하다. 해사한 외모에 지적(知的) 센티멘탈리즘을 섞어 파괴적 영향력을 세상에 줬다."면서, 이 같은 사회 분위기에 대해서도 "도무지 정상에서 멀다. 지난해부터 내가 지속적으로 밝혀온 대로 이건 온전한 지식사회가 못 된다."고 비판했다.

조 주필은 특히 한겨레신문의 주말판 기사 〈신영복, 그는 본디 붉은 경제학자였다〉에 대해 "신영복의 학문 궤적을 점검하는 방식인 그 기사는 이 나라 언론사에서도 이례적인 '붉은 혁명 옹호'다. 동시에 건국 이후 사회를 어지럽혀 왔던 좌익운동사에 또 한 번의 분기점으로 기록될 것"이라며 "이 나라 좌파세력이 저토록 대한민국의 자유민주주의 기본질서에 도전장을 내밀며 큰소리까지 땅땅 쳤던 적이 또 있었던가?"라고 반문했다. 그러면서 "그것도 지하언론이 아닌 제도권의 목소리로 데스크 기능이 잠시 멈췄던 게 아니며, 오보(誤報)와는 차원이 다르다."며 "엄연히 편집국 차원의 기획물이라서 저 '좌파 본색' 신문의 이념적 성체성을 커밍아웃한 사건이며, 대한민국의 헌법가치에 대한 맹렬한 도전"이라고 한겨레신문을 향해 직격탄을 날렸다.

세상을 떠나면서 절정에 달한 우상화

신영복에 대한 우상화는 신영복이 고인이 되는 시점에 정점을 이룬다. 신영복이 작고하자마자 한겨레 등 언론 매체들과 적지 않은 지식인들과 추종 정치인들이 그를 '우리 시대의 지성' '시대의 스승'이라 찬양하며 그의 빈소와 영결식장을 찾아 애도를 표했고, 신영복의 영전에서 그의 가르침을 지켜나가겠다고 다짐했다. 그들 중 대표적인 인물들이 문재인, 도종환, 이인영, 박원석, 박원순, 조희연, 이재정, 안희정, 노회찬, 유시민, 안경환, 공지영, 탁현민, 고민정, 김제동 등 우리 사회 대표적인 좌파그룹을 중심으로 한 정치지도자들과 연예인 등이었다. 특히 당시 문재인 더불어민주당 대표와 도종환 의원은 함께 빈소에서 조문을 마친 뒤 "선생께서 나에게는 '처음처럼'을 주시고, 노무현 대통령에게는 '우공이산'을 주었고, 우리 당에 '더불어'라는 이름을 주고 가셨다"며 "선생의 '더불어' 정신, 공존과 연대의 정신을 늘 간직하고 실천하겠다"고 말한 바 있다. 이렇듯 문재인 전 대통령은 신영복에 대해 "자신이 가장 존경하는 사상가이다"라며 신영복의 우상화와 상징작업의 첨병에 섰다.

또 성공회대 모교수는 신영복 사망시 "신영복은 오랫동안 인간과 생명, 평화와 공존의 참 의미를 전달해온 교육자이자 저술가이고, 많은 사람들이 그의 강의를 들으며 삶의 좌표를 가다듬었고 많은 독자들이 그의 책을 읽으며 깊은 성찰의 메시지를 전달받았다.

그는 또한 아름답고 깊은 울림을 가진 글씨와 그림을 통해 수많은 사람들이 부박(浮薄)한 일상 속에서 생의 가치와 의미를 새롭게 반추하는 감동을 느끼게 해준 서화작가이기도 하다."라고 추모하면서 신영복에 대해 암투병하다 명을 달리한 것을 안타까워 하며 추앙의 반열에 올렸다.

시대의 스승 신영복은 그의 죽음과 함께 시대의 우상이 되었다.
이처럼 도를 넘는 신영복에 대한 추모는 앞서 언급한 바와 같이 주사파와 민주화운동 세력간의 경계를 완전히 허물었다. 대한민국의 대통령이 통혁당 무기수인 신영복을 가장 존경한다는 말을 거침없이 할 수 있는 분위기를 만들었고 당시 통일부 장관이었던 이인영 또한 '사실상 북핵을 옹호했던' 신영복을 존경한다는 입장을 밝혔다. 과거 종북주의자였던 이들이 민주화 운동으로 외피를 쓴 채 정치권에 몸을 담았고, 통혁당 무기수 신영복이 인문학의 외피를 쓰고 시대의 스승이 되면서 우리 사회는 이제 반체제주의자와 민주화운동가를 구분조차 할 수 없는 상황이 되었다.

7. 신영복의 관계론은 과연 무엇인가

애틀랜트 성결교회 김종민 목사의 신영복에 대한 추도사는 한국

사회 지식인들의 신영복에 대한 생각을 잘 보여준다.

감옥으로부터의 사색'으로 잘 알려진 시대의 스승이신 신영복 선생의 부고를 듣는 순간 먹먹함이 밀려온다. 신영복 선생은 27살에 육사에서 경제학을 가르치던 촉망받는 인재였다. 그러다가 이유도 모른채 중앙정보부에 끌려가 '반국가단체 구성죄'로 사형선고를 받는다. 그리고 20년 20일 동안 무기수로서 기나긴 수형생활을 한다. 그가 1988년 광복절 특사로 세상에 나왔을 때는 인생의 절반이 훌쩍 날아가 버린 중년이 되었다. 선생의 삶은 있을 법한 개인의 비극으로 끝나지 않는다. 그는 인생의 바닥이라고 여겨지는 감옥에서 배웠고 가르쳤다. 그분의 회고에 따르면 그 인고의 시간은 버리는 시간이 아니라 인생의 '대학 생활'이었다.

김종민 목사 (애틀랜트 성결교회)

많은 사람들이 김종민 목사의 말에 동의할지도 모른다. 통혁당 무기수 신영복을 시대의 스승으로 만든 것은 어쩌면 그와 사상적 궤를 같이하는 세력의 기획작품일 지도 모른다. 사실 일반인들은 신영복이 누구인지도 모른다. 우리 사회 도처에 널린 그의 글과 서체에 익숙해져 있기 때문에 누군가 그를 시대의 스승으로 추앙하면 신영복의 역사를 잘 모르는 이들에게는 신영복은 위대한 지식인의 이미지로 뇌리에 박힐 수 밖에 없다.

"신영복을 추앙하고 있는 이유를 단순한 경험적 산물만을 통해 말하는 것이 아니다."라면서 추앙의 이유를 나름 변명적 설명을 하고 있다. "얼마 전 펴낸 '신영복의 마지막 강의'라는 부제가 붙은 책 '담론'은 그 가능성을 보여주었다. 그의 담론은 '관계론'이었다. 개인의 성찰을 넘어선 인간과 인간의 관계, 그리고 사회와의 관계를 통해 자본주의 사회에 짓눌린 우리에게 단절이 아니라 관계로 연결된 새로운 대안을 말했다."고 했다. 하지만 신영복의 관계론은 존재론적 입장의 개인의 자유와 존엄에 바탕한 사회적 관계의 자유주의의 특성을 무시하거나 간과한 채 신영복의 탈근대화와 탈자본주의의 대안으로서 관계론이다.

역시 「주체사상의 대하여」에서 밝히는 주체사상의 철학적 원리를 보자.

> 자주성, 창조성, 의식성은 사회 역사적으로 형성되고 발전되는 사람의 사회적 속성입니다. 세계에서 사회적 관계를 맺고 살며 활동하는 것은 오직 사람뿐입니다. 사람은 사회적으로만 자기의 존재를 유지하며 자기의 목적을 실현해나갑니다. 자주성, 창조성, 의식성은 오직 사회적 존재인 사람에게만 고유한 것입니다.
> 출처: '주체사상에 대하여' 2. 주체사상의 철학적 원리

언뜻 보기에는 당연해 보이는 이 글에는 주체사상에서 말하는 사람이란 무엇인가에 대한 답을 제시하고 있다. 주체사상이 말하는

사람은 개별 개별이 사람이 아니라 사회역사적으로 의미를 가지는 인간 집단이다. 주체사상에 대하여를 조금 더 살펴보자.

> 인민대중이 력사의 주체로서의 지위를 차지하고 역할을 다하자면 반드시 지도와 대중이 결합되여야 합니다. 인민대중은 력사의 창조자이지만 옳은 지도에 의하여서만 사회력사발전에서 주체로서의 지위를 차지하고 역할을 다할수 있습니다. 지도와 대중의 결합문제는 특히 로동계급을 비롯한 광범한 인민대중에 의하여 수행되는 혁명운동, 공산주의운동에서 중요한 문제로 나섭니다. 공산주의운동은 그자체가 고도의 의식적, 조직적운동이며 심각한 계급투쟁을 동반하는것만큼 옳은 지도가 없이는 승리적으로 진행될수 없습니다. 혁명운동, 공산주의운동에서 지도문제는 다름아닌 인민대중에 대한 당과 수령의 령도문제입니다.
>
> 출처: '주체사상에 대하여' 인류력사는 인민대중의 자주성을 위한 투쟁의 력사이다

주체사상이 말하는 사람중심이란 역사발전의 주체로서의 인민대중을 말하는 것이며 이는 수령(지도)과 결합될 때에만 의미가 있다. 신영복의 인간관에서 '관계'가 중요한 이유는 바로 이것 때문이다. 개별 개별의 인간은 그 자체로 의미를 갖지 못한다. 관계를 통해 존재하는 인민대중이야말로 신영복이 추구하는 '사람'의 참 모습이다.

신영복 선생이 '시대의 스승'으로 추앙받는 것은 단지 남들과 다른 경험에만 있지 않다. 스승과 꼰대의 차이는 자신의 경험을 남에게 강요하느냐에 달려 있다. 선생은 "나는 이렇게 고생했는데 거기에 비하면 너희의 어려움은 아무것도 아니지 않느냐"

고 말하지 않는다. 그는 자신을 돌아보고 글을 쓰고, 우리는 그것을 읽으며 스스로 우리의 모습을 비춰볼 수 있었다. 누구나 쉽게 펼칠 수 있는 책이었지만 쉽게 덮을 수 없는 그런 책들을 통해 인스턴트 힐링 메시지가 아니라 면역력을 높여 주는 가르침을 주었다. 신영복 선생의 글은 인생의 감옥에 비치는 햇살이었고, 살아있음을 느끼게 해주는 심장의 고동 소리였다. 그 한 사람의 죽음으로 인해 우리는 준비되지 않은 채 많은 것을 잃었고, 그 분의 삶을 우리의 삶으로 이어 살아가야 한다는 무거운 숙제를 떠안았다는 것.

김종민 목사 (애틀랜트 성결교회)

신영복은 그의 저서를 통해 끊임없는 자기 성찰을 통해 대중적 메시지를 전달한다. 그러나 정작 통혁당 활동에 대해서는 일말의 성찰과 반성도 찾아볼 수 없다. 오히려 그는 통혁당 활동을 양심의 문제였다고 말한다. 물론 자본주의를 반대하는 사회주의자로서 세상을 바라보고 성찰하는 신영복을 존경할 수 있다. 그렇다면 그를 존경하는 이들의 이념과 사상은 무엇이어야 하는가?

신영복의 글이 심장의 고동소리였다는 김종민 목사는 '신영복이 꿈꾸는 세상을 함께 꿈꾸는가' 되묻지 않을 수 없다. 여기서 말하고자 하는 것은 신영복을 추앙하는 이들의 이념에 대한 문제의식이 아니다. 그를 추앙하는 사람들이 사회주의자이건, 자본주의자이건, 혹은 어떠한 이념도 없는 사람일지라도 신영복의 현란한 인문학적 표현과 문화적 상징에 무장해제 되었다는 점이다.

8. 최영미가 말하는 신영복

하지만 호사다마랄까, 시인 최영미에 의해 신영복을 둘러 싼 추문이 터졌다. 신영복과 관련된 추문은 고 은 시인을 둘러 싼 성 추문을 시로써 폭로한 최영미 시인의 또 한 편의 시에서 비롯되고 있다. 바로 시인 고은을 비판한 '괴물'보다 4년 전에 쓴 '돼지의 변신'이라는 시를 통해, 신영복으로 추정되는 한 캐릭터를 힐난하고 있는 것이다. (이와 관련해 최영미 시인이 말하는 돼지가 신영복으로 특정될 수 있는가에 대한 의견이 있지만 정황상 신영복으로 해석하는 이가 많다) '돼지의 변신'이라는 시는, 신영복에 대한 기초 지식이 없으면 누구를 가리키며 쓴 시인지를 알 수가 없다. 그러나 신영복을 조금이라도 아는 사람이라면 시에서 묘사한 '감방에서 이십 년 썩은' 등의 표현은 자연스럽게 이 시의 돼지가 신영복일 것이라는 추측을 가능하게 한다.

실제 이승철 시인은 "당신(최영미)이 쓴 기획시집 '돼지들'에서 오직 당신만 진주이고, 우리가 존경한 그 분들은 모두 돼지였다. 그대는 신영복 선생을 능멸했고 또 이영희 선생도… 그래 당대 우상의 파괴가 그대의 문학의 목적이고 지향점인가"라며 최영미를 비난한 바 있다.

최영미의 '돼지의 변신'이라는 시를 한번 보라. 당신은 이 시에서 누가 연상되는가.

그는 원래 평범한 돼지였다
감방에서 한 이십 년 썩은 뒤에
그는 여우가 되었다,
그는 워낙 작고 소심한 돼지였는데
어느 화창한 봄날, 감옥을 나온 뒤
사람들이 그를 높이 쳐다보면서
어떻게 그 긴 겨울을 견디었냐고 우러러보면서
하루가 다르게 키가 커졌다
그는 자신이 실제보다 돋보이는 각도를 알고
카메라를 들이대면 (그 방향으로) 몸을 틀고
머리칼을 쓸어 넘긴다
무슨 말을 하면 학생들이 좋아할까?
어떻게 청중을 감동시킬까?
박수가 터질 시간을 미리 연구하는
머릿속은 온갖 속된 욕망과 계산들로 복잡하지만
카메라 앞에선 우주의 고뇌를 혼자 짊어진 듯 심각해지는
냄새나는 돼지 중의 돼지를

하늘에서 내려온 선비로 모시며

언제까지나 사람들은 그를 찬미하고 또 찬미하리라.

이 글대로라면 신영복의 그 좋은 모든 글은 일종의 위선적인 것으로 비춰진다. 또 그럴듯한 처신과 행세도 어떤 계산에 의해 이뤄졌던 것으로, 신영복의 출옥 후 생활은 지금까지 알려진 그의 '고매하고도 높은' 인품과는 전혀 다른 것이 된다. 그를 좋아하던 사람들에게는 크나 큰 실망감으로 작용할 것이라는 점에서 한 때 그를 좋아했던 입장에서도 안타까움이 앞선다. 한편으로 한 가지 의문이 든다. 이 시가 발표됐던 게 2004년이다. 그 무렵이면 노무현 정권 시절로, 신영복이 한참 잘 나갈 때이다. 이런 시가 나왔으면, 그것도 베스트셀러 시인의 시라면, 이 시가 어떻고, 이 시가 누구를 지칭하는가에 대해 어느 정도의 반응이 있음직 한데, 과문한 탓인지는 몰라도 그런 게 없었고, 신영복 자신도 어떠한 반응을 나타내지 않았던 것으로 알고 있다. 이것 또한 신기하면서도 이상하다. 아마도 신영복의 당시 사회나 문학적 지위를 감안해 어떤 누구도 감히 그런 얘기를 꺼낼 수 없었던 분위기에 기인한 게 아니었던가 하는 생각이 든다.

신영복은 서화에세이 '처음처럼' 중에서 "'춘풍추상(春風秋霜)'은 대인춘풍 지기추상(待人春風 持己秋霜)에서 나온 성어(成語)입니다. 남을 대하기는 춘풍처럼 관대하게 하고, 자기를 지키는 방법은 추상처럼 엄정하게 해야 한다는 뜻입니다. 그러나 우리들이 하는 일은 돌이켜보면 이와는 정반대인 경우가 대부분입니다. 타인의 실수에 대해서는 냉혹하게 평가하는가 하면, 자신의 잘못에 대해서는 지나칠 정도로 관대한 것이 사실입니다. 자기의 잘못에 대해서는 그럴 수밖에 없었던 불가피한 전후 사정을 잘 알고 있지만, 타인의 그것에 대해서는 그러한 실수가 있기까지의 과정이나 불가피한 사정에 관해서 전혀 무지하거나, 알더라도 극히 일부분밖에 이해하지 못하고 있기 때문이라고 생각됩니다. 그렇게 때문에 최소한의 형평성을 잃지 않기 위해서라도 우리는 타인에 대해서는 춘풍처럼 너그러워야하고 자신에 대해서는 추상처럼 엄격해야 할 것입니다."라고 하였다. 최영미 시인의 시의 주인공이 신영복이라면 신영복 자신은 과연 춘풍추상을 말할 자격이 있었는가 되묻지 않을 수 없다.

신영복은 우여곡절의 삶을 살다가 간 사람이다. 한 인간의 삶을 속단할 수는 없지만, 일단 생의 궤적으로 보자면 역경이면 역경이고, 영광이면 영광스런 삶을 살았다. 그 삶을 우리는 평가하기 보다는 있는 그대로 받아들이면 된다.

어쨌든 신영복에 대한 다양한 평가가 분분하지만 여전히 문재인 전 대통령을 비롯한 민주당의 수많은 정치인들은 여전히 신영복을 존경한다. 마치 성추문으로 자살한 어떤 정치인의 장례식에서 기자들에게 호통을 치던 유력 정치인의 모습처럼 말이다.

문재인은 평창올림픽을 방문한 북한 고위급 대표단 앞에서 신영복을 존경하는 사상가라고 밝혔다. 통혁당 사형수 김종태는 북한에서 공화국 영웅이 되었고, 통혁당 장기수 신영복은 남한 대통령이 가장 존경하는 위인이 되었다. 통혁당 사건 반세기만에 남북이 통혁당으로 대동단결하는 아이러니한 장면이 아닐 수 없다.

신영복 신드롬의 주어는 80년대 민주화운동일 것이다. 나이를 먹고 사회에 진출해도 과거의 신념을 버리고 싶지 않았던 운동권들 중 일부가 신영복을 빌어 자신의 정체성을 유지하려 했던 것 같다. 반면 신영복은 은은한 수사와 인문학을 실어 적절히 이에 부응했다.

4장

21세기 대한민국에 통혁당
장기수 신영복의 꿈이 흐른다

민경우

통일운동가

1. 역사상 가장 사랑받은 장기수 신영복

　신영복은 통혁당 장기수로 20년을 복역했다. 그럼에도 불구하고 88년 출소 이후 특별한 지지와 사랑을 받았다. 87년을 전후하여 남로당·인혁당.남민전 등 구좌익 인사들이 대거 출소한 바 있지만 신영복 만큼 사랑을 받은 사례는 거의 없다. 신영복 추모공원, 신영복 거리가 만들어지고 문재인 대통령 조차 그를 존경한다는 말을 서슴지 않을 정도이다.

　필자는 신영복에 대한 특별한 애정을 일종의 신드롬이라 보고 본 글을 통해 그에 대해 다루어 보려 한다. 본문에 앞서 간단히 언급하면 다음과 같다.

첫째. 신영복 신드롬에서 신영복의 통혁당 전사로서의 견결함, 혁명적 신심과 같은 요소는 별 상관이 없는 듯 하다. 일단 신영복은 전향했고 신영복이 통혁당 전력을 애써 주장하기보다는 그것을 가능한 숨기려 했기 때문이다.

둘째. 그럼에도 신영복 신드롬이 구좌익°에 대한 일종의 신비감과 연관 있음은 명확하다. 80년 광주사태 이후 민주화운동권은 민주화운동의 적통을 서구 민주주의나 제도권 야당이 아니라 구좌익에서 찾으려 했고 이러한 정서와 생각들은 90년대 초반 사회주의 붕괴 이후에도 지속되었다. 신영복 신드롬은 사회주의 붕괴 이후에도 여전히 구좌익이 옳고 혁명적 신념을 지켜야 한다고 생각했던 민주화운동권을 뿌리로 한다.

셋째. 구좌익에 대한 신비감을 뿌리로 한다고 해서 그것이 정치적인 형태로 유지되지는 않았다. 신영복도 이를 추앙하는 민주화운

• 남로당 등 한국의 좌익운동은 한국전쟁을 계기로 큰 타격을 받는다. 한국전쟁에서 살아 남아 과거 좌익운동의 맥을 이었던 사람들이 있는데 이들을 흔히 구좌익으로 구분한다. 60년대 통혁당·인혁당, 70년대 남민전 등이 이들 구좌익의 리더쉽에 의해 형성된 것이다. 반면 4.19 이후 남한내에서 출생하여 독자적으로 성장한 좌익을 이들과 구분하여 신좌익을 부른다. 민혁당이나 사노맹 등이 신좌익에 해당한다.

동권도 노골적인 정치적 언어를 통해 관계를 유지하기는 어려웠다. 양자를 연결하는 고리는 어느 정도 정치적 색채가 배제된 휴머니즘이나 인문학이었다.

신영복의 언어는 통혁당 시절의 맑스주의에 가깝다. 심지어 그가 사용하던 문투도 상당히 그러하다. 다른 것은 내용이 아니라 그것을 포장하는 기법이다. 신영복에게서 정말 새로운 것이 있다면 알맹이가 아니라 포장지이다. 필자는 신영복을 위대한 사상가, 인문학자라고 평가하는 시각에 동의하지 않는다. 아마도 신영복은 맑스레닌주의라는 내용에 마오주의 기법을 담은 혁명가일 것이다. 신영복이 갖고 있는 강한 좌파적 색채 때문에 신영복 신드롬은 좌파를 넘어 우파로 확장되지 못했다.

넷째. 신영복과 운동권은 하나의 이념 공동체를 이룬다. 그들 모두는 사회주의 붕괴 이후에도 80년대의 급진주의가 옳았다고 믿었다. 여기서 중심은 80년대 급진주의가 여전히 옳다고 믿는 민주화운동권일 것이다. 신영복은 그들 모두를 아우르는 하나의 상징물이었다고 본다.

본문에서는 위 4가지 내용을 차례로 다룬다. 필자는 서울대 84학번으로 주사파 운동권이었다. 신영복은 한때 우리가 존경했던 선배이자 우리가 넘어서야 할 벽이었다. 중간중간 주사파 운동권으로서의 생각을 담았는데 신영복을 생생히 이해하는데 도움이 될 듯 하다.

2. 신영복의 출소와 전향…운동권과의 조우

88년 통혁당 장기수 신영복이 출소했다. 신영복은 87년 6월항쟁을 전후하여 형성된 공고한 운동권 공동체와 조우했다. 신영복과 운동권 공동체는 서로가 발전시켜온 사상과 정견, 감수성을 주고 받으며 하나의 공동체를 형성했다. 이 공동체의 탄생 과정과 성격을 이해하는 것이 본 절의 과제이다.

그는 진정으로 전향했는가

먼저 지적할 것은 그의 전향 여부이다. 98년 8월 「말」지 김경환 기자가 쓴 기사에는 신영복의 전향과 관련된 기록이 있다. 그에 따르면

"무기수로 확정된 70년 말쯤 안양교도소에서 전향서를 썼는데, 전향서를 쓰자는 논의가 생겨났고 결국 통혁당 구속자 모두 전향서를 썼습니다."

이에 대해 기자가 "그것은 조직적인 결정이었습니까?"라고 묻자

"뿔뿔이 흩어져 있었으니까 다 모여서 결의했다고 보기는 어렵지요. 어쨌든 가족들을 통해서 그 이야기가 나에게까지 전달되었는데 아마 내가 제일 늦지 않았나 싶어요."라고 답한다.

결국 조직적 결정이었다는 뜻이다. 전향 여부와 함께 중요한 것은 전향에 대한 생각이다. 위 기사에서 신영복은

"전향서를 썼느냐 안 썼느냐가 문제의 본질은 아니라고 생각해요, 전향한 사람 중에도 조직역량을 침탈하거나 동지를 배신하는 사람도 있고 전향하지 않은 사람 중에도 그런 사람이 있지요, 나는 형식보다 내용에 집중해야 한다고 봅니다. 그런 의미에서 순교자적 입장보다는 실천적인 자세가 더 중요하다고 생각합니다."라고 말했다.

정리하자면 70년 안양교도소에서 전향을 했는데 그것은 조직적 결정이었고 전향을 하는 과정에서 전향에 따른 특별한 정치적 부담을 느끼지는 않았다 정도가 아닐까 싶다. 이런 정도라면 신영복은 전향했다고 보기 어렵다.

신영복 본인의 통혁당 활동에 대한 진술은 92년 이론지와의 대담에서 찾을 수 있다.

그는 "통혁의 뿌리가 아직도 남아 있다는 '소문과 추리'에 대해서 하고 싶은 말이 있습니까?"라는 질문에 "모든 변혁 운동의 뿌리는 그 사회의 모순 구조 속에 있습니다. 답변이 됩니까?"

질문자의 질문에서 통혁의 뿌리란 한민전을 말한다. 68년 궤멸된 통혁당이 살아 남아 지금의 한민전으로 이어진다는 것이다. 이

질문이 중요했던 더 큰 이유는 80년대 후반 주사파의 절대 다수가 통혁당의 뿌리가 한민전으로 이어져 지금에 이른다고 보고 있었기 때문이다.

나는 서울대 84학번으로 주사파 학생운동권이었다. 우리는 통혁당의 리더 신영복의 거취에 주목하고 있었고 신영복에 대해 대체로 다음과 같이 판단하고 있었다.

'신영복의 말은 애매하지만 신영복의 법적 처지가 모호한 조건에서 그렇게밖에 대답할 수 없다. 적극적 부인을 하지 않은 것은 우회적인 긍정의 표시다. 즉 신영복이 전향을 하긴 했지만 여전히 운동적 신념을 지키고 있다.'

구좌익 장기수들은 적지 않다. 당장 우리는 남민전●의 안재구, 김남주 등에 각별한 관심을 가지고 있었고 인혁당, 통혁당 재건 사건과 관련된 좌익수들도 적지 않게 알고 있었다. 그러나 그들 대부분은 적극적 운동권내에서만 관심과 존경의 대상이었을 뿐 국민적. 대중적으로 확산되지는 않았다. 신영복이 다수 대중으로부터 지지와 사랑을 받은 점에는 구좌익 활동가라는 점을 뛰어 넘는 특별한 무언가가 필요했다

● 　남민전, 정식 명칭은 남조선민족해방전선이다. 인혁당 관련자 이재문이 김병권, 신향식, 안재구 등과 함께 만든 지하혁명조직이다. 이재문.김병권.신향식 등은 인혁당.통혁당 등 구좌익 출신이고 여기에 홍세화.김남주.이수일.임헌영 등 학생운동 출신들이 광범위하게 결합했다. 76년 조직이 결성된 이후 10.26 쿠테타 직전까지 활동했다 검거되어 와해되었다.

신영복 신드롬의 기원

출소 이후 신영복은 상당한 대중적 지지를 받았는데 그를 지지하고 사랑했던 사람들의 입장에서 그 이유를 생각해 보자. 핵심은 87년을 전후한 시기 운동권의 사상적 동향이다.

80년대 초중반 민주화운동권은 자신들의 운동을 서구 민주주의가 아닌 맑스레닌주의 또는 인민민주주의와 연관 지어 생각했다. 같은 맥락에서 운동의 전통을 의회민주주의가 아니라 남로당과 같은 구좌익에서 찾았다. 87년 6월항쟁 이후 남로당·통혁당·남민전 등 구좌익 인사들이 대거 출소하거나 운동 일선에 등장했다. 주사파 운동권을 포함한 상당수의 운동권들은 이들 전체를 통틀어 '선생님' 또는 '선생님들'이라 불렀다.

88년 출소 직후 신영복에 대한 태도도 유사했다. 신영복이 출소했을 때 신영복이 북한과 연계된 지하조직에 관여한 만큼 그에 대한 경계심을 갖는 것이 당연했다. 증언에 따르면 70년대만 해도 구좌익과 학생운동과는 어느 정도 또는 상당한 거리가 있었다. 80년 광주사태를 거치며 운동권이 급진화되었고 이들은 스스로 신영복에 대한 거리감, 경계감을 털어낸 상태였다.

상황은 보다 적극적이었다. 80년대 중반 맑스레닌주의·주체사상과 같은 급진사조가 확산되는 것에 맞춰 인혁당·통혁당·남민전에 대한 신비감·경외감이 급격히 확산되었다. 필자의 경험도 그러한데 85~6년 무렵 구미유학생간첩단사건˙·남민전·통혁당 구좌익과 관련한 이야기들이 학생운동권에 빠르게 확산되고 그들을 우리 운동의 선배 또는 학생운동과는 차원을 달리하는 프로혁명가라는 생각들이 광범하게 퍼져있었다.

따라서 88년 신영복이 출소할 당시 운동권 공동체는 신영복을 포함해 구좌익 인사들을 운동권의 선배·지도적 인사로 생각하고 있었다. 신영복의 경우 출소 이전부터 그가 감옥에서 쓴 글이 회자되었는데 이는 남민전 이재문의 공소장, 김남주의 시˙˙와 마찬가지로 80년대 중후반 운동권 공동체의 구좌익 신비화. 따라배우기 과정의 일환이었다. 엄밀히 말하면 신영복이 자신의 글과 생각을 운동권 공동체에 설득, 전파했다기보다는 운동권 공동체가 신영복을 발굴했다고 보는 편이 정확하다.

이른바 구좌익을 통칭했던 단어 '선생님들' 안에는 또 다른 계선이 있었다. 하나는 통혁당이고 다른 하나는 전향 여부이다. 주사파는 구좌익 중에서 통혁당-한민전으로 이어지는 흐름을 운동의 정통으로 보고 있었다. 통혁당 관련자는 많지 않았고 한민전은 실체가 분명하지 않았다. 신영복은 운동의 적자인 통혁당-한민전으로 이

- ˙ 구미유학생간첩단사건, 80년대 초반 미국에 유학중이던 김성만,양동화.황대권 등이 북한 공작원에게 포섭된 사건, 김성만의 경우 남한에 들어와 강용주 등 국내 대학생들과 함께 '예속과함성'을 제작 배포하여 학생운동권에 큰 영향을 미쳤다. 예속과함성은 제주 4.3 사건 등을 반미의 관점에서 해석하여 학생운동의 방향에 심대한 영향을 미쳤다.
- ˙˙ 김남주는 남민전 사건 연루자로 운동권 시인으로 유명하다. 대표적인 시로는 안치환의 노래 '자유'의 가사인 자유가 유명하다.

어지는 흐름 중 가장 고위급이었다.

또 다른 계선은 전향 여부이다. 주사파 운동권은 전향과 비전향을 가르고 비전향에 대해 우호적으로 평가하고 있었다. 당시 주사파 운동의 맹주는 조국통일범민족연합(범민련)이었다. 남북해외 본부를 두고 소위 3자 연대를 내세워 북한과 상시적인 연락을 취했던 조직으로 비합법조직이었던 한민전과는 별개로 반합법 조직(법적으로는 불법이나 대중적으로 활동하는 조직)으로 공개적으로 북한과 소통했던 조직이다. 필자가 범민련 남측본부 사무처장으로 활동 당시 비전향 장기수들은 단순히 추억하고 추모하는 대상이 아니라 운동 일선에 함께 참여하곤 했다. 나는 어려운 문제가 있을 때마다 그들의 조언을 듣거나 비중 있는 행사의 중요 장면에 그들의 연설을 배치했다. 2000년 6·15 선언 직후 비전향 장기수 63명이 북한에 송환되었는데 우리는 8·15 행사 전야제의 메인 행사 메인에 비전향장기수 송환 행사를 배치했다. 반면 범민련 남측본부 사무처장이었던 나의 입장에서 보거나 운동권 사람들의 입장에서 본다면 전향을 한 신영복은 어느 정도 하자가 있는 인물이었다고 볼 수 있다.

그렇다고 통혁당인가 아닌가, 전향인가 아닌가가 결정적인 변수였다고 보기는 어렵다. 구좌익을 운동의 정통, 통혁당-한민전을 그중의 적자라고 생각하더라도 그것은 여전히 먼 과거의 일이었기 때문이다. 따라서 집단 기억의 관점에서 보면 민주화운동의 적통을 서구 민주주의나 전통 정치권이 아닌 구좌익에서 찾되 그 안에서 통혁당 여부·전향 여부는 부차적인 문제였다고 볼 수 있다.

이는 이른바 신영복 신드롬이 확산되는 양상과 특징을 보여준다.

첫째. 보수 성향의 사람들은 거의 신영복을 알지 못하거나 관심이 없다. 이는 신영복 신드롬이 대한민국 사람 누구나 공유하는 문화적 자산이라기 보다는 특별한 어떤 집단이 공유한 집단 기억임을 의미한다. 이 집단은 민주화 운동 경험과 관련이 있다.

둘째. 소위 민주화운동 세력은 대한민국 건국 스토리를 기존과는 다른 형태로 각색하여 집단적으로 공유했다. 이를 상징했던 것이 해방전후사의 인식(해전사)이다. 해전사는 운동·역사의 정통을 남로당과 같은 구좌익이나 민족주의 세력으로 본다. 87년 6월 항쟁을 계기로 구좌익이 정치적으로 복권되었는데 이것이 신영복 신드롬을 공유하는 모집단이다.

셋째. 둘째의 모집단에서 현직 운동권에서 활동하는 주사파 운동권은 상대적으로 비전향을 중시했다. 덕분에 실제 주사파 운동권 내부에서는 신영복 신드롬의 강도가 엷거나 거의 없다.

결론을 요약하면 다음과 같다. 신영복 신드롬은 좌우를 막론한 보편적인 현상이었다기보다는 민주화운동을 공유했던 어떤 집단의 집단 기억과 관련이 있다. 이후 언급하겠지만 신영복을 좌우를 뛰어넘는 보편적인 인간애나 심원한 사색과 같은 형태로 기억하는 경향이 있지만 신영복 신드롬은 명백히 좌파 내부에 한정된 현상이지 좌우를 뛰어넘는 현상은 아니었기 때문이다.

신영복 신드롬은 한국 민주화운동의 독특한 특성과 관련이 있다. 한국 민주화운동이 서구 민주주의나 이승만의 자유당, 박정희의 공화당과 같은 우파 정당 또는 김대중, 김영삼의 민주당과 같은 야당에 뿌리를 두고 있었다면 신영복 신드롬은 존재하지 않았을 것이다. 한국 민주화운동은 80년대 초중반부터 구좌익에 대한 강한 애정을 보이고 있었는데 이를 공유했던 민주화집단이 신영복 신드롬의 진원지였다.

반면 신영복의 전력 중 하자라고 할 수 있는 전향 경력은 신영복 신드롬이 형성되는데 큰 장애가 되지는 않았다. 그렇기 때문에 신영복 신드롬은 현실 운동권보다는 운동권에서 이탈한 지식인을 중심으로 형성되었다.

서사와 은유에 담긴 정치사상

다음은 신영복 신드롬이 확산되는 과정에서 신영복이 했던 역할이다.

한국의 사회주의는 크게 두 종류로 나눌 수 있다. 마르크스류의 사회주의는 대도시 프롤레타리아를 중시하고 계급적 입장을 강조한다. 과제로 보면 사회주의적 경제관계가 중요하다. 반면 마오주의나 주체사상은 농촌과 농민을 중시하며 대중노선과 방법을 강조한다. 과제로 보면 인간개조가 중요하다.

1970년대 서울대 중심의 학생운동은 마르크스주의에 가까웠고 이론적 성향이 강했다. 반면 1980년대 중반 주체사상이 확산되는 과정에서는 농민·농촌적 성향이 강했고 품성을 강조하기 시작한다.

후자를 대표하는 사람이 지금은 작고한 '전환시대의 논리'의 저자 이영희. 이영희는 70년대 중후반 중국과 베트남 등 동아시아 사회주의를 긍정적으로 묘사하기 시작한다. 중국의 문화대혁명, 베트남에서는 전쟁 과정에서 형성된 특수한 인간관계를 중시한다. 전체적으로 인간개조를 중시하는 마오주의적 사회주의라고 볼 수 있다.

신영복의 사상과 노선도 그런 유형이다. 신영복은 맑스가 주장하는 생산관계의 변화*보다는 그것을 넘어 인간개조로까지 연결되어야 한다고 보는 사람이다. 신영복은 92년 이론지와의 대담에서 중국의 문화대혁명(문혁)에 대한 질문에 이렇게 답변한다.

---

* 맑스는 사회역사 발전 과정을 원시공동체->노예제->봉건제->자본주의->사회주의의 생산관계의 변화 과정으로 보았다.

문혁은 계속혁명론에 입각한 사회주의사회에서의 계급투쟁으로서 착취계급의 소멸과 계급투쟁 그 자체를 구별해야 한다는 긍정적 입장이 있는가 하면 반대로 문혁은 탈권투쟁이며 몇 억 개의 두뇌를 파괴한 무원칙한 파괴 행위 그 자체라는 입장으로 양극화되어 있습니다. 물론 그 중간에 각각 편차를 보이는 평가들도 있습니다. 저는 원칙에 있어서 문화혁명을 긍정적으로 이해하는 입장입니다.

문혁에 대해 현재와 같은 경제주의적이고 실용주의적인 평가는 어차피 한시적이고 한정적일 수밖에 없다고 생각합니다. 사회주의가 그 발전과정에서 직면하게 되는 과제, 즉 사회주의사회에서의 생산관계와 생산력의 모순, 그리고 새로운 지배계급의 형성과 이로 인한 비민주적이고 관료주의적인 여러 형태의 주관주의 경향에 대하여 문화혁명은 원칙 면에서 이를 옳게 파악하고 있다고 생각합니다.

「이론」 1992

일반적으로 마르크스류의 사회주의와 달리 마오류의 사회주의는 진리보다는 실천을, 제도보다는 인간의식의 구체적인 변화를 중시한다. 동양고전에 대한 신영복의 다음 입장은 신영복의 이런 성향을 잘 보여준다.

신영복평전에는 다음과 같은 글이 있다.

> 쇠귀는 결론적으로 사상은 이성적 논의가 아니라 감성적 정서가 담겨야 하며 실천되어야 한다는 것, 정서와 감성을 기르는 것이 인성을 고양하는 가장 활발한 방법이라는 점을 강조한다. 우리는 관계론이라는 화두로 동양고전을 읽으면서 동양적 삶이 지향하는 궁극적 가치가 인성의 고양이라는 점을 이해하고 이를 통해 현재의 우리를 재조명해 볼 필요가 있다. 현실을 넘어서려면 비약과 상상력이 필요하다. 이를 위해 고전이해의 장을 문사철에서 관계망을 깨닫게 해주는 상상력 중심의 시서화의 장으로 옮겨야 한다.
>
> 「신영복 평전」 491쪽

종합하면 신영복에게 있어 전향은 거의 아무런 의미도 없었다고 볼 수 있다. 신영복은 통혁당 노선을 그대로 유지한 채 그것의 정당성을 원칙적으로 강조하는 활동 대신 그것을 유연하게 적용하여 은연중에 대중적으로 확산하는 작업에 보다 많은 관심을 기울였다.

신영복은 88년 출소 이후에도 통혁당 장기수였다. 그는 통혁당 시절 그의 노선과 사상에 대해 거의 아무런 회고와 평가도 보여주지 않는다. 훗날 그가 보여준 시대인식은 필자가 80년대 중후반 마르크스를 비롯한 사회주의 관련 문헌들에서 봤던 매우 고전적이고 상투적인 것이었다. 신영복의 모든 관심은 통혁당 시절의 사상과 노선을 출소 이후 변화된 현실에 맞게 적용하고 전파하는데 가 있었다고 해도 과언이 아니다.

위 「말」지 인터뷰에는 인상적인 내용이 있다. 기자가 '전향하는 순간 운동가의 사회정치적 생명을 끝나는 것이라는 견해도 있습니다. 어떻게 생각하십니까?'라고 묻자 신영복은

"나는 감옥 안에서 전향하지 않은 장기수들을 많이 만났습니다. 그때마다 어떻게 하는 것이 옳은 태도냐고 물어 봤어요. 그 분들은 자기 조건에 맞게 하라고 대답했어요. 실천 경험이 풍부한 사람들일수록 유연했습니다. 그러나 자신의 역량에 대해 끊임없이 불안해하는 사람은 거의 예외 없이 실천에 있어서는 좌경적이었습니다."라고 답한다.

나는 10년 동안 범민련 남측본부 사무처장이었다. 덕분에 비전향장기수들을 비롯 인혁당·통혁당의 일급 활동가들과 함께 조직생활을 한 적이 있다. 나는 신영복이 말하는 부분이 무엇을 의미하는지를 피부로 느낀 바 있다. 자신의 본 마음을 감춘 채 대중의 마음을 움직이기 위해 조금씩 관계를 진전시키는 활동 방식 말이다. 아마도 신영복도 그럴 것이다.

- From paper to steel 작전 무력투쟁에서 우위를 점하기 위한 통일혁명당의 전술 중 하나, 신영복이 제안한 것으로 청와대에 포격을 가한다는 내용이 들어 있다.

통혁당 시절의 신영복은 매우 과격했던 인물이다. 청와대를 대포로 포격한다는 PS 계획*을 입안한 바도 있다. 그랬던 그가 긴 수감생활을 통해 실천활동의 유연함에 대한 나름의 깨달음을 얻은 게 아닌가 싶다. 깨달음의 핵심은 자신의 사상을 유지하면서 상황에 맞게 유연하게 적용하는 것이 혁명운동에서 무엇보다 중요하다는 점이다. 통혁당 시절의 신영복과 출소 이후의 신영복에서 일관된 것은 통혁당의 노선이다. 반면 결정적으로 달라진 것은 그 사상을 실천하는 방식이라고 볼 수 있다.

이런 맥락에서 보면 전향은 수동적인 정치 행위가 아니라 적극적인 정치행위였을 가능성이 크다. 즉 감옥에 갇혀 장기간의 수형 생활을 할 수밖에 없는 조건에서 수형 생활을 수월하게 하기 위한 방편으로 그렇게 했다기보다는 감옥에 갇히기는 했지만 그 조건에 맞게 혁명 활동을 계속하기 위해 유리한 환경을 조성하는 차원에서 전향을 했을 가능성이 커 보인다. 신영복이 볼 때는 종이쪽지에 불과한 전향여부를 두고 실랑이를 벌이기보다는 전향을 해서 한 사람이라도 설득하는 것이 혁명가다운 자세라고 봤을 것이다.

신영복은 한계를 받아들였다. 신영복은 전향 장기수였고 신영복이 포함된 운동권 공동체를 만들고자 하는 사람들도 과도한 정치적 색채를 띠는 것은 부담스러웠다. 여기서 신영복의 전략, 모호한 수사와 은유에 정치적 콘텐츠를 담는 전략이 주효했다. 결국 80년대 중후반의 급진주의를 뿌리로 하되 정치적 색채가 어느 정도 탈각되고 휴머니즘이나 인문학으로 포장된 정서적·사상적 공동체가 출현한 것이다. 그리고 통혁당 신영복은 이 공동체에 효과적으로 둥지를 틀었다.

3. 신영복이 추구했던 인간과 사회

내재적 발전론

60년대 대한민국은 두 갈래의 경제발전 전략이 경합했다. 하나는 박정희의 수출주도형 경제전략이다. 이에 따르면 해외자본과 기술을 적극적으로 도입하고 수출 부분에 역량을 집중하여 먼저 성과를 내고 이에 기초하여 여타 부분을 견인한다는 전략이다.

이런 관점에 선다면 바람직한 인간관은 해외 자본과 기술 동향에 민감하고 잘 살아보자는 열의와 의지가 충만하며 힘들고 어려운 일이 있어도 이겨내는 기풍과 기질을 갖춘 사람이다. 필자의 아버지 세대가 그러했다.

반면 운동권은 이러한 경제전략에 문제가 있다고 봤다. 그들은 특히 해외자본과 기술에 의존하는 과정에서 종속성이 심화되고 가난을 벗어날 수 없다고 봤다. 그들은 해외부문에 민감한 사람들을 잇속에 밝은 기회주의라고 묘사하곤 했는데 그런 유형의 자본가들을 매판자본가라 불렀던 배경도 그러하다.

　이런 차이는 독립운동을 묘사하는 과정에서 극명하게 드러난다. 70년대 필자가 중고등학교를 다니던 때 항일 독립운동은 애국계몽운동과 무장항쟁 계열로 나뉘었다. 70년대 박정희 시대는 낙후한 후진 사회를 계몽하는 것이 중요하다고 봤기 때문에 계몽운동을 중시하는 편이었다. 흥사단의 안창호나 갑신정변의 김옥균 등이 그런 사람들이다. 이승만도 같은 맥락이다. 무장항쟁 계열로는 청산리 전투의 김좌진 등이 강조되었다.

　시간이 지나면서 항일과 계몽 중 항일이 중시되면서 무장항쟁 계열이 점차 부각되기 시작한다. 전봉준·신채호 등이 그런 사람들이다. 계몽은 본성상 일본에 대한 대결보다는 협력을 중시하는 경향이 있다. 이에 따라 계몽운동은 친일과의 경계선이 아리송할 가능성이 있었다. 역으로 항일이 강조되면 그것이 친서방 성향인가 사회주의 성향인가의 문제가 부차적인 주제가 된다.

　이승만과 김구의 차이가 그러했다. 이승만의 뿌리는 계몽운동이었고 외교론과 자치론 등 비군사적인 방식으로 독립운동을 했다. 반면 김구는 20년대 중반 윤봉길·이봉창 등의 적극적인 군사적·테러 형태의 저항과 관련이 있다.

　박정희류의 수출지향적 공업화 전략이 해외부문에 대한 연대와 협력을 강조하는 사상적 뿌리를 갖고 있다면 이를 비판하는 내재적 발전론은 대외부분에 대한 적대적인 태도와 자세를 강조하고 있었다. 이러한 입장 차이는 자연스럽게 독립운동, 일제 강점기에 대한 역사적인 관점 차이로 비화될 소지가 컸다.

또다른 차이는 균형과 안정 문제이다.

박정희의 발전 전략은 불균형 발전 전략이다. 수출과 대기업이 먼저 발전하여 전체적인 파이가 늘어나면 그 후 전체 국민경제를 발전시키겠다는 것이다. 78년 중국 덩샤오핑의 발전전략 또한 박정희와 같은 선부론이었다. 어쩌면 이것은 당연한 전략이었다. 당시 세계 경제는 미국과 서방진영에 자본과 기술·시장이 있었다. 미국과 서방진영이 후진국.개발도상국이 서방세계에 편승하여 경제를 발전시키려는 전략에 부분적으로만 동의하더라도 매우 유력한 전략이었다.

내재적 발전론은 대외부분과 협력을 강화하는 것이 다시 종속·식민화되는 길이라 봤다. 그리고 그 대신 농업과 중소기업 그리고 북한과의 연계를 통해 점진적이고 균형있게 경제를 발전시켜야 한다고 주장했다. 핵심은 농업과 농촌이었다. 내재적 발전론은 농업과 농촌을 종속적으로 취급하지 말고 농업과 농촌에 근거해서 천천히 발전해야 한다는 주장이었다.

농업과 농촌, 도시와 공업은 인간관, 사회구성원리에서 근본적인 차이를 갖고 있다. 근대 유럽을 시작으로 전 세계에서 거대한 농업인구가 도시로 집중하며 도시를 이루고 공업을 발전시켰다. 공업화된 도시를 지배하는 것은 상품화폐 관계로 상품가격을 통한 시스템이 도시 전체를 지탱한다. 애덤 스미스가 이를 잘 표현한다.

빵집 주인은 걸인에 대한 자비나 굶주린 사람에 대한 애정이 아니라 돈을 벌 요량으로 빵을 만든다. 빵집 주인과 소비자의 빵을 주고 파는 행위가 진행되는 핵심은 공급과 수요에 의해 정해진 가격과 그에 기초해 화폐를 주고 받을 때 가능하다. 이 화폐경제는 다양한 생산활동을 자극해 전체 도시와 국민의 경제규모를 확장한다. 상품 화폐 관계는 민주주의의 발전과 함께 왕과 귀족에 의한 자의적 구금과 인신을 넘어 법에 대한 지배, 국민적 동의에 기초한 정치권력의 형성과 같은 민주주의 사회로 발전한다.

반면 농촌을 지배하는 것은 도덕률이다. 성리학이 우세를 보이던 조선조에서는 향촌 규약 같은 도덕적 질서와 규율이 사회를 장악했다. 도덕과 안정, 질서라는 명분 뒤편에서 양반 집단의 전근대적인 착취와 전횡이 유지되었고 사회는 발전과 혁신을 멈추고 정체되었다.

내재적 발전론에 기초한 운동권의 생각은 조선 성리학과 많이 닮았다. 역사적으로 보면 영미형 자본주의는 해양 국가를, 독일, 프랑스 등의 자본주의는 내륙 또는 농업국가를 배경으로 한다. 해양 문명은 진취적이고 역동적이며 계약과 협의를 중시하는 경향이 있는 반면 내륙 국가들은 위계와 서열을 중시하고 관념적인 정신세계를 강조하는 경향이 있다.

소농국가 조선은 더욱 그러했다. 조선은 아예 농업을 강조하는 대신 상공업을 전시했다. 경제성장이나 교역이 위축되면서 자신만의 정신세계로 빠져들었다. 성리학의 사변적인 논쟁에 더해 조선은 소중화의식에 젖어 자기만의 세계로 젖어 들었고 양반들은 도덕과 수양이라는 이름 아래 농민들을 토지에 결박시켰다.

필자는 학생시절부터 주사파가 대외와 명분을 중시하는 위정척사와 비슷하다는 생각을 많이 하곤 했다. 80년대 중후반 도시화·자본주의가 극적으로 성장하던 시기에 주사파는 품성론이나 농민론 등을 들고 세력을 확장했는데 이는 한국 자본주의의 팽창을 긍정적·우호적으로 보는 것이 아니라 그것에 저항했던 경향과 맞닿아 있다. 주사파를 조선조 성리학과 비교하는 책들이 많이 있는데 개인적으로 상당히 설득력 있는 주장이라고 생각한다.

종합하면 내재적 발전론은 운동권의 다양한 성향에 결정적인 영향을 미쳤다. 노동자보다는 농민적인 것을 중시하고 시장 원리보다는 도덕과 품성을 통한 과거 향촌규약과 같은 시스템을 선호하는 것들이 모두 그러하다.

다음에서는 내재적 발전론이 지향하는 인간관, 사회관이 어떻게 진행되었는가를 살펴 보겠다.

'작은 세계' 세계관

60년대 한국은 농업사회였다. 반면 운동권은 주로 20대 청년이었다. 20대 청년들은 자신들을 시대와 사회의 선각자로 생각했고 일신의 영달을 버리고 농촌과 농민을 계몽해야 한다고 다짐하곤 했다. 서울대의 유력 써클 농촌법학회 50년을 스스로 정리한 책 「고난의 꽃봉오리가 되다」에는 60년대 학생들의 생각과 정서가 잘 녹아 있다. 그들 대부분은 농촌과 농민에 대한 강한 애정을 갖고 있었다.

70년대 초반 한국은 눈의 띄게 자본주의화되고 있었다. 70년대 초반 대학생 인구는 같은 연령대의 4~5%에 달했다. 그다지 높은 비중은 아니지만 사회 전반의 지적 수준은 꾸준히 높아지고 있었다. 산업화·자본주의화가 진행되면서 대도시는 점점 더 교육받은 청년, 즉 대학생으로 가득 찼고 그들의 지위는 시대의 선각자에서 발랄한 대학생으로 변모하고 있었다.

이를 잘 보여주는 것은 언제나처럼 문화였다. 70년대 초반을 대표했던 두 개의 노래를 소개하면 다음과 같다. 먼저 김세환의 노래는 이러하다.

> 가방을 둘러맨 / 그 어깨가 아름다워 / 옆모습 보면서 정신없이 걷는데 / 활짝핀 웃음이 / 내 발걸움 가벼웁게 / 온종일 걸어다녀도 즐겁기만 하네~~

김세환의 노래는 가볍고 싱그럽고 낙관적이다. 밝고 낭만적인 대학생의 정세와 문화를 잘 보여준다. 반면 비슷한 시기 불려졌던 이미자의 노래는 다음과 같다.

> 해당화 곱게 피는 섬마을에 / 무엇하러 왔는가 총각 선생님 /
> 엷아홉살 섬색시가 순정을 바쳐 / 사랑한 선생님은 총각 선생
> 님 / 서울엘랑 가지를 마오 / 가지를 마오

도시에서 온 총각 선생님을 그리는 처녀 아이의 애절한 마음을 잘 엿볼 수 있다. 이 노래는 활기찬 도시에 대해 저물어 가는 농촌의 비애를 잘 대비시켰다. '서울엘랑 가지를 마오'라는 가사는 산업화의 여파로 떠오르는 부의 중심지 서울을 잘 묘사한다.

도시와 농촌의 갈림에서 양자의 우열은 뚜렷했다. 70년대 중반이 되면 아예 농촌이 아니라 농촌 출신으로 도시에 정착한 청년들의 문화가 주류를 이룬다. 남진의 '저 푸른 초원 위에'나 송대관의 '해뜰 날'이 그러하다.

도시와 도시의 교육받은 청년들의 삶은 밝고 낙관적이었다. 그런데 그들 중 일부가 새로운 면모를 보여주기 시작한다. 그 중 하나는 민주화운동사에 한 획을 그은 김민기의 노래 아침이슬이다

> 긴 밤 지 새우고 / 풀잎마다 맺힌
>
> 진주보다 더 고운 / 아침이슬처럼
>
> 내 마음에 설움이 / 알알이 맺힐 때

아침 동산에 올라 / 작은 미소를 배운다.

태양은 묘지위에 / 붉게 떠오르고

한낮의 찌는 더위는 / 나의 시련일지라

나 이제 가노라 / 저 거친 광야에

서러움 모두 버리고 / 나 이제 가노라

노래는 70년대 유신에 대한 저항을 배경으로 하고 있다. 70년대 초반 대학생의 미래는 낙관적이고 희망적이었다. 유신과 군부독재 치세가 길고 어두어 보이기는 했지만 경제 상황은 날이 갈수록 호전되고 있었고 그에 맞춰 대학생들의 처지도 나아질 예정이었다.

그런데 김민기는 유신을 너무 크게 그리고 있었다. 그는 긴 밤, 태양, 묘지, 더위, 광야 등 유신을 상징하는 큰 세계를 언급한 후 자신이 지향해야 할 세계를 너무도 작게 묘사한다. 풀잎, 진주, 아침이슬, 작은 미소, 시련, 서러움 등이다.

70년대 초반 이래 한국 자본주의는 극적으로 팽창하고 있었다. 70년대 후반이 되면 수출 100억 불을 달성했고 80년대 3저호황 국면에 이르러서는 대만·싱가포르 등 동아시아 신흥국과 함께 주목받는 개발도상국이 되었으며 90년대 중반에는 세계 최고의 반도체 기업을 보유하게 된다. 이 과정에서 70년대 대도시 대학생들은 중산층으로 성장할 운명이었다.

그러나 김민기는 '작은' 세계를 강조하며 대학생들의 시야와 안

<u>목을 어떤 세계로 가두었다.</u> 한국자본주의가 확장일로에 있었던 점을 고려하면 작은 세계는 현실에서는 존재할 수 있는 관념속에서만 존재하는 비현실적인 세계였다.

비현실적인 세계를 유지하기 위해 운동권 학생들은 독특한 논리와 기제를 찾기 시작한다.

첫째는 작은 세계에 특별한 의미를 부여하기 시작한다. 세계가 크면 할 것도 많고 생각할 거리도 많은 법이다. 굳이 내면의 세계에 집착하지 않아도 밖으로 열려 있는 세상에 대해 많은 이야기를 할 수 있다. 그러나 세상을 작은 세계로 한정하면 그 안에서 특별한 무언가를 발견하여 작은 세계의 의미를 억지로 만들어야 한다. 김민기는 풀잎 끝에 맺혀 있는 아침이슬에서 그것을 발견하고 자신의 노래의 제목으로 삼는다.

둘째는 미래보다는 과거에 집착하는 것이다. 과거보다는 미래가 큰 세계이다. 큰 세계를 포기한다는 것은 미래를 포기한다는 것과 같다. 작은 세계를 미화하고 거기서 의미를 찾으려면 시대의 흐름에서 시야가 가능한 과거에 머물게 된다. 과거일수록 세계의 규모가 작고 과학기술의 영향이 작기 때문이다. 따라서 작은 세계와 과거에 집착한다면 점차 덜 발전했던 과거를 미화하고 급기야 원시적 자연에 보다 가까이 살던 옛날을 동경하게 된다. 우리는 뒤에서 신영복의 생각 속에서 그 면모를 보게 될 것이다.

김민기의 노래, 김민기의 사상에 담긴 정서는 70년대 운동권에 젖어 들었다. 김민기는 아침이슬에서 아침이슬이 영롱하게 빛나는 작은 동산을 인위적으로 만들어 냈다. 이는 자신의 생각을 펼치기 위한 관념적 구성물이었다.

80년대 중반 신영복의 편지, 감옥으로부터의사색이 공개되었을 때 청년들은 머릿속에나 존재하던 작고 깨끗한 세계의 실제 모습을 만날 수 있었다. 신영복의 사색은 0.75평 독방에서 빚어낸 것으로 청년들이 아침이슬에서 기대했던 내면의 아름다움과 성찰을 잘 보여주었다. 다음에서 신영복의 「감옥으로부터의사색」을 다룬다. 여기서는 신영복의 사색이 아침이슬을 통해 간직해온 운동권 청년들의 감성과 잘 맞아 떨어졌다는 점을 지적한다.

작은 세계와 민족주의의 결합

70년대 중반이 되면서 대학생들의 '작은' 스토리에 민족주의가 결합하기 시작한다. 사회적으로는 점점 더 자본주의화되고 있었다. 매주 토요일에는 미국의 대중 드라마가 인기를 끌고 있었고 라디오 프로그램에서는 미국식 팝송이 차트를 석권하고 있었다. 한국적인 맥락에서 MBC 대학가요제가 시작되고 개그 콘테스트가 인기를 끌 무렵이었다. 이런 상황에서 운동권에는 전통과 민족을 강조하는 보수적인 흐름이 성장하고 있었다. 탈춤·민요 등 전통에 대한 관심이 그것이다.

　이런 상황을 주도했던 인물이 이영희이다. 이영희는 중국·베트남 등 동아시아 사회주의에 대한 탐구와 저작을 통해 운동권 사회에서 엄청난 영향을 미쳤다. 이영희의 논지는 두가지 맥락에서 생각할 수 있다. 하나는 중국·베트남에 대한 미국식 반공주의의 문제점을 지적하고 이를 중국·베트남 현지의 관점에서 재해석하는 것이다. 70년대 지금의 중국을 중공이라 부르고 베트남을 베트콩이라 부르던 상황에서 이영희의 작업은 현실을 적시하게 만드는 의미 있는 작업이었다. 또 하나는 중국과 베트남의 인간관·사회구성 원리에 대한 호의적인 평가이다. 특히 이영희는 중국의 문화대혁명을 긍정적으로 평가한 것으로 유명하다.

　70년대 이영희의 영향은 상당했던 것 같다. 70년대를 회고하는 다양한 기록들에는 이영희로부터 강력한 영향을 받은 사실을 쉽게 볼 수 있다. 여기에는 문재인 대통령이나 유시민과 같은 사람들이 있다. 그들이 영향을 받은 맥락은 주로 전자와 관련된 것들이다. 후자를 거론하는 기록은 많지 않다. 그 만큼 문화대혁명을 옹호하는 것은 당시에도 쉽지 않았다. 그러나 이것이 문혁을 지지하는 이영희의 영향이 작았음을 의미하지 않는다. 보통 사상은 알게 모르게 간접적으로 스며드는 법인데 이영희의 문혁관이 그랬던 것 같다.

　사회주의는 마르크스와 같이 경제와 제도를 중시하는 흐름, 마오주의와 같이 인간과 사상을 강조하는 흐름으로 나눌 수 있다. 70년대 운동권 사회주의의 기본 흐름은 전자였다. 물론 인간이나 휴머니즘을 강조하는 것은 운동권의 기저에 있다. 그러나 그것은 다분히 추상적이고 포괄적인 경향이었다. 마오주의가 되기 위해서는 인간개조의 의미가 보다 일관되게 강조되어야 한다. 이영희는 추상적이고 포괄적인 휴머니즘이 인간론을 골자로 한 정교한 이념으로 발전하는데 중요한 징검다리를 제공했다.

결정적인 것은 주체사상과의 관련성이다. 중국이나 베트남 그리고 북한 모두는 70년대 동아시아 사회주의 또는 제3세계로 분류될 수 있었다. 이들 모두는 근대화와 산업화를 함에 있어 서방 세계의 자본과 기술을 이용하기보다는 독자적인 경로를 지향하고 있었다. 그러나 이들 모두는 자본이나 기술, 시장을 갖고 있지 않았다. 이런 상황에서 인간, 그것도 인간의 열의와 노동력을 활용한 발전 전략을 도모하고 있었다.

만약 '인간'을 중시하는 사회이론이 옳고 그런 관점에서 중국과 베트남을 긍정적으로 평가할 수 있다면 같은 맥락에서 북한도 그러한 것이다. 이영희가 80년대 중반 주체사상 정립 과정에서 특별한 역할을 한 것은 아니지만 그의 문혁 옹호론이 주체사상에 이르는 중간 다리를 놓은 것은 분명하다.

인간에 대해 강조하는 것은 인류역사의 다양한 공간·맥락에서 쉽게 찾아 볼 수 있다. 페르시아를 시작으로 로마와 한나라, 인도의 고대제국이 서는 과정에서 인간을 강조하는 사상 경향을 쉽게 찾을 수 있다. 기독교나 유교 등이 모두 그러하다. 제국 규모의 정치질서를 정립하기 위해서는 진전된 휴머니즘이 필요하기 때문이다. 우리가 주목하는 것은 영국이나 프랑스 혁명 과정에서 인권과 민주적 권리에 대한 광범위한 옹호를 발견할 수 있다.

맑스주의, 그 중 마오·주체사상류의 인간론은 다양한 휴머니즘 사조 중에서 몇 가지 특징을 갖추고 있다. 결정적인 특징은 농업적 색채이다. 마오나 주체사상은 맑스의 예언과 달리 자본주의가 충분히 성숙하지 않은 조건에서 혁명이나 건설을 해야 하는 상황에 발생했다. 따라서 마오나 주체사상의 인간은 다분히 전근대적인 농민이었다. 그들은 자본주의 발전에 따른 농업사회의 분해를 인정하기보다는 그것에 맞서 농민적·농업적 요소를 보존하는 가운데 새로운 사회로 발전할 수 있다고 봤다. 따라서 마오나 주체사상의 대다수는 <u>농업적·전근대적 요소를 긍정하고 그것을 미화</u>하는 특징을 갖고 있다.

농업적·전근대적 요소란 전통 농업사회에서 갖고 있는 좋게 말하면 미풍양속이고 나쁘게 말하면 낙후한 전근대적인 잔재이다. 보통은 자본주의가 발전하면서 시민적·계약적·법률적 관계로 전환되지만 중국이나 북한은 그런 과정에 문제가 있다고 보고 그것을 미화하는 형태로 사회적 룰을 변모시켰다. 그리고는 거기에 사람 중심의 철학과 같은 과도한 수사를 부여했다.

신영복의 인간관

이제 신영복의 인간과 사회에 대한 생각을 살펴 볼 차례이다. 두 권의 책이 대상이다. 하나는 감옥에서 쓴 글을 모은 「감옥으로부터의 사색」과 97년 세계를 여행하면서 쓴 「더불어숲」이다.

감옥이라는 작은 세계 「감옥으로부터의사색」

감옥으로부터의사색은 20년 옥중 생활 동안 신영복이 쓴 편지를 모은 책이다. 신영복은 이 책을 통해 감옥에 있을 때부터 대중의 주목과 사랑을 받았다. 이 책에서 필자가 주목하는 것은 이 책이 사람들의 지지를 받은 이유이다.

신영복의 책 대부분은 일상과 일상에서의 깨달음을 주제로 한다. 그럼에도 책의 기저에 맑스주의가 흐른다.

> 머리 좋은 것이 마음 좋은 것만 못하고 마음 좋은 것이 손 좋은 것만 못하고 손 좋은 것이 발 좋은 것만 못한 법입니다. 관찰보다는 애정이, 애정보다는 실천적 연대가 실천적 연대보다는 입장의 동일함이 더욱 중요합니다. 입장의 동일함 그것은 관계의 최고 형태입니다.
>
> 「감옥으로부터의 사색」

필자는 이 문구를 유독 좋아했다. 성숙한 사회주의 혁명가의 관점과 태도를 볼 수 있었기 때문이다. 이 문구에는 사회주의·혁명·계급과 같은 단어는 등장하지 않는다. 그러나 부드러운 말투로 되어 있지만 신영복 글의 기저에는 사회주의적 내용이 흐른다. 확실히 신영복은 자신의 사상을 부드럽게 표현하는데 익숙했던 사람이다. 사람들은 노골적이지 않으면서 부드럽게 혁명적 개념을 전달하는데 반응했던 것 같다.

신영복 책 내용 대부분은 아주 작은 세계에서 벌어지는 갈등과 충돌 그것을 수습하는 깨달음과 성찰의 이야기다. 가장 극적인 이야기는 다음의 내용이다. 신영복의 글 중에서 가장 유명한 글이 아닐까 싶다.

> 없는 사람이 살기는 겨울보다 여름이 낫다고 하지만 교도소의 우리들은 없이 살기는 더합니다만 차라리 겨울을 택합니다. 왜냐하면 여름 징역의 열 가지 스무 가지 장점을 일시에 무색케 해버리는 결정적인 사실, 여름 지역은 자기의 바로 옆사람을 증오하게 한다는 사실 때문입니다. 모로 누워 칼잠을 자야 하는 좁은 잠자리는 옆사람을 단지 삼십칠도의 열덩이로만 느끼게 합니다 이것은 옆사람의 체온으로 추위를 이겨나가는 겨울철의 원시적 우정과는 극명한 대조를 이루는 형벌 중의 형벌입니다.
>
> 「감옥으로부터의 사색」

먼저 묻고 싶은 것이 있다. 이 대목이 그렇게 감동적인가? 신영복을 회고하는 거의 모든 모임에서 이 대목이 빠짐없이 등장한다. 마치 고매한 수도승의 선문답을 보는 것처럼 특별한 감동을 받았다는 내용이 대부분이다. 그러나 필자는 지금도 저 대목이 감동적인지 잘 모르겠다. 사실 30년 전 신영복의 글을 처음 볼 때도 그러했다.

이건 사람마다 취향의 차이일 수 있으므로 옳고 그름은 저마다의 몫이다. 내가 주목하는 것은 신영복의 글과 30년 전 이 글에 주목했던 사람들의 생각 사이에 어떤 관계가 있었는가이다. 사람들이 내가 보기엔 그다지 감동적이지 않는 글에 왜 비정상적으로 반응했는가이다.

앞서 기술한 바 있는 김민기의 작은 세계를 환기해보자. 신영복이 살았던 교도소 독방은 그냥 작은 세계가 아니라 극도로 작은 세계이다. 필자도 4년 감옥생활을 했고 대부분 1.07평 독방에서 살았다. 90~2000년대의 독방은 방마다 TV가 나오고 온돌이 설치되어 있었다. 면회·운동·옆 방과의 관계 등에서 어느 정도 자유로운 소통이 가능했다. 반면 신영복이 살았던 60~70년대 독방은 같은 독방이지만 비교하기 어려울 정도로 고독한 세계였다. 김민기는 아침이슬에서 자기들만의 세계 작은 동산을 머릿속에서 만들어낼 수밖에 없었지만 신영복은 그 세계를 실제로 살았던 사람이다.

1.07평 정도의 작은 세계에서는 세계 자체를 개조하는 것이 불가능하다. 방의 크기를 키우고, 식사·운동 등 생활여건을 개선하는

것도 불가능하다. 가능한 것은 마음속 수양이나 소소한 인간관계를 바꾸어 그 세계를 정신적으로 안정·변화시키는 것이다. 독방이라는 작은 세계에서는 하루가 흘러도 별다른 사건이 벌어지지 않는다. 내 경우라면 하루 한번 있는 5분 남짓한 면회를 하고 나면 무슨 소풍을 한 것처럼 요란하곤 했다. 그 만큼 기본 에너지 사이즈가 작은 곳이다. 신영복의 사색은 그런 환경에서 벌어진 것이다.

거기서 신영복은 정상적인 사회환경이라면 그냥 흘려 버렸을 것 같은 사건들에 주목한다. 정상적인 사람이라면 하루에도 몇 번씩 일어날 상황이지만 신영복에게는 그것을 지나치지 않는다. 신영복은 이를 고리로 맑고 깨끗한 사색을 이어간다.

신영복이 마주친 특별한 사건들을 처리하기 위해서는 두 가지 방향이 가능하다. 하나는 그것을 구조적으로 해결하는 외부지향형 해결 방법이고 다른 하나는 상황을 해결하기 어렵기 때문에 인간의 마음이나 인간관계를 해결하여 문제를 처리하는 내부지향형 해결책이다. 1.07평 감옥에서 전자는 불가능한 해결책이었다. 1.07평 무기수 신영복에게는 외부 조건은 그대로 두고 정신의 세계에서만 문제를 해결할 수밖에 없었다.

우리는 불교에서 이런 식의 해법을 찾을 수 있다. 불교에는 일체유심조라는 말이 있다. 모든 것은 마음에 달려 있다는 것인데 문제가 발생했을 때 외부세계를 그대로 두고 마음을 통해 문제를 처리할 때 효과적인 방법이다.

김민기의 작은 세계가 그러했다. 박정희의 큰 세계가 있을 때 운동권 청년들이 할 수 있는 것도 다음의 두가지이다. 하나는 박정희 정권과 맞서 싸워 정치질서를 바꾸는 것이고 다른 하나는 박정희 정권은 그대로 두고 나만의 독립성을 유지한 채 작은 세계를 갈고 닦는 것이다.

김민기의 작은세계는 운동권과 교육받은 청년, 즉 대학생으로 퍼져나갔다. 그들은 자본주의가 팽창하여 자신을 둘러 싼 세계가 점점 커지고 있음에도 작은세계를 맑고 깨끗하게 닦겠다고 선언한다. 물론 그게 가능할리가 없었다. 그들은 나이를 먹어 감에 따라 집도 사고 차도 샀으며 해외여행도 다닐 운명이었다. 자신을 둘러 싼 세계가 커짐에도 작은 세계를 유지하려면 커져가는 세계가 없는 것처럼 치부하고 정신적으로만 작은 세계를 구성하면 될 일이었지만 실제로 그렇게 살 각오가 있는 운동권 청년들은 많지 않았다.

80년대 중반 김민기의 작은세계를 키워왔던 운동권 또는 지식청년들은 정말 작은 세계를 살았던 신영복과 마주했다. 양자는 각자 정신적으로 구성해 왔던 작은세계와 그것이 주는 정신적인 아름다움에 빠져들었다. 청년들이 「감옥으로부터의 사색」에 열광했던 것은 신영복의 사상이 대단했기 때문이라기보다는 김민기의 작은세계 이래 학생들이 그런 쪽으로 생각과 심성을 발전시켜왔기 때문이다.

운동권을 대표하는 노래는 '임을위한행진곡'이나 '아침이슬'일 듯 하다. 운동권들은 모임을 가질 때 어김없이 위 노래들을 부르며 집단적 정체성을 확인한다. 2009년 노무현 장례식이 그러했다. 시청 장례식 대로변을 수십 명의 정치인이 함께 걸으며 '아침이슬'을 부른다. 아침이슬, 작은동산은 커녕 나라의 운명을 쥐락펴락하는 일국의 국회의원 수십 명이 현대 자신의 처지와는 전혀 상관도 없는 노래를 통해 스스로를 정의하고 스스로를 추억하고 있는 것이다.

신영복은 김민기로부터 이어져 온 운동권의 오랜 감성의 사슬에 효과적으로 결합해 거대한 DNA 사슬 구조에 신영복이라는 유전자를 살짝 밀어 넣었다.

무기수의 세계 여행기 「더불어숲」

이제 신영복의 또다른 책을 살펴볼 차례이다. 신영복은 97년 1년간 전 세계를 여행하며 여행기를 남겼다. 이 여행기는 98년 「더불어숲」이라는 이름으로 출판되었다. 여행은 46개의 에피소드로 구성되어 있다. 46개의 에피소드를 편의상 나누면 미국·영국 등 선진 자본주의 국가가 19개 정도이고 인도·중남미 등 저개발 국가가 19개 정도이며 러시아·베트남 등 구 사회주의 지역이 6개 정도이다. (분류하기 애매한 것은 빼고)

전제할 것은 여행기는 소련·사회주의권 붕괴 직후인 90년대 초반이 아니라 97년에 이뤄진 것으로 여행의 목적은 21세기에 대한 비전을 찾기 위함이었다. 이를 배경으로 신영복의 「더불어숲」을 검토해 보자.

첫째. 선진자본주의 국가를 탐색하는 목표는 두 가지가 있을 수 있다. 하나는 선진자본주의 국가가 냉전 체제에서 어떻게 승리했는가이거나 또는 21세기를 맞아 신세기를 어떻게 준비하고 있는가 등일 수 있다.

돌이켜 보면 너무 당연한 이야기였다. 90년대 초반 대우그룹 회장 김우중은 '세계는 넓고 할 일은 많다'고 주장하고 한비야는 '지도 밖으로 행군하라'며 세계로 진출할 것을 주장했다.

반면 신영복의 여행기에는 그런 이야기가 거의 존재하지 않는다. 그는 아예 실리콘 밸리나 중국의 상하이 같은 곳을 방문하지도 않는다. 그는 21세기를 탐문하는 것이 여행의 목적이었던 상황에서 21세기에 가장 가까운 선진국은 저 멀리 둔 채 1960년대의 관점에서 몇마디 훈계를 한 뒤 애써 저개발국가를 찾는다.

「더불어숲」의 46개 에피소드 중 미국 편은 2꼭지이다. 2꼭지 중 하나인 '미국의 얼굴'편은 요약해 보려 했으나 요약할 수 없었다. 알 듯 모를 듯한 기묘한 방언으로 가득차다. 미국을 돌아보고 쓴 것인지조차 불분명하다. '아메리칸 드림'을 다룬 꼭지도 그러하다. 신영복은 미국에 가서 줄곧 흑인·원주민·멕시코에 대해 말한다. 21세기를 탐구하며 미국을 찾은 신영복은 기어코 보스턴의 인디언 민속촌을 다룬다. 인디언 원주민과 작업을 하며 한마디 한다.

신대륙의 꿈은 삶의 터전을 송두리째 잃어버린 아메리카 원주민들의 비극을 '명백한 운명'으로 규정하는 신탁의 권능을 전제하지 않는 한 그것을 꿈이라는 이름으로 부를 수는 없을 것입니다.

「더불어숲」 아메리칸 드림

1997년이 아니라 1960년대에 미국을 방문했다고 하더라도 똑같은 말을 할 수 있었을 것이다. 필자는 80년대 중반 운동권 시절 위와 같은 대화를 주로 후배들과 많이 나눴던 적이 있다. 신영복은 탯줄부터 통혁당에 갇혀 있는 사람이다.

이는 1990년대 통혁당의 뿌리를 가득 간직한 신영복의 딜레마를 잘 보여준다. 그의 사상과 정견은 미국과 서방을 공격하는 1960년대의 버전을 갖고 있지만 21세기에 맞는 새로운 관점을 장착하지 못한 상태말이다. 이런 정도라면 신세기 탐구라는 이름을 달지 말았어야 하지만 그는 60년대 했어도 상관없을 주장을 하고 있다.

둘째는 저개발국가에 대한 믿음이다. 적과 아가 있을 때 적을 말하는 방법은 두가지가 있다. 하나는 적에 대해 말하는 것이고 다른 하나는 아를 통해 우회적으로 적에 대해 말하는 것이다. 1990년대 소련사회주의권이 붕괴된 조건에서 통혁당의 신념을 유지한 채 반미와 반제국주의를 말할 방법은 없었다. 신영복은 아예 선진국가에 대해 말하지 않음으로써 그것을 우회한 뒤 아를 통해 간접적으로 적에 대해 진술한다.

저개발국가를 강조하는 경로에서도 신영복의 길은 제한될 수밖에 없었다. 90년대가 되면 저개발국가 중에서 중국·인도 등 비중있는 저개발국가는 자본주의적 방식을 많이 차용했기 때문이다. 덕분에 자본주의 비판이 목적이었던 신영복은 저개발국가 중에서도 더 저개발국가를 지향할 수밖에 없었다.

신영복은 참으로 애타게 케냐의 초원, 아마존의 밀림, 인도의 갠지스강, 네팔 카트만두 등 원시 문명에 가까운 지역을 찾아 자본주의를 비판할 여지를 찾는다. 그의 인간관, 사회관이 자본주의·사회주의와 같은 현대가 아니라 먼 과거와 자연에 있었기 때문이다.

그가 찾은 가능한 자본주의에서 먼 지역과 나라는 다음과 같다. 인도의마음 갠지스강, 간디의 물레소리, 카트만두에서 만나는 유년시절, 킬리만자로의 표범, 녹색의 희망 아마존, 인도의 얼굴, 인도 보리수 그늘, 히말라야의 기슭에서이다.

21세기의 문명을 탐색한다는 97년 신영복 여행기의 키워드를 요약한다면 단연 인도이다. 인도가 중요했던 이유는 인도가 20세기 자본주의·사회주의 쟁패전에서 가능한 멀리 떨어져 있어 자본주의를 비판하고자 하는 신영복의 생각을 그나마 유지할 수 있었기 때문이다.

이제 더불어숲의 결론을 들어 보자.

어느 곳의 어떤 사람들이든 그들은 저마다 자신의 최선을 다하며 살아왔고 또 살아가고 있다는 사실이 그것입니다. 모든 것은 그 땅의 최선이었고 그 세월의 최선이었습니다.

그러나 유적지에서는 물론이고 궁벽한 시골 마을에서도 그러한 최선의 결정들이 여지없이 깨트려지고 있는 현실을 목격해야 했습니다. 이미 수많은 것들이 깨트려졌고 지금도 끊임없이 깨트려지고 있었습니다. 그것을 깨트리는 것은 외력이었습니다. 그 땅, 그 사람들의 최선을 하시하고 서슴없이 관여하는 강자의 힘과 논리였습니다.

「더불어숲」

사회주의와 자본주의가 격렬하게 충돌했던 91년의 소련, 89년의 독일에서 그런 이야기를 했다면 좋을 것 같다. 그는 시종일관 사회주의·자본주의 충돌 과정에서 비켜서 있던 그래서 자본주의의 위력을 그나마 덜 체감했던 곳을 애써 찾아서는 역시 도덕적 훈화를 늘어 놓는다.

"강자의 논리는 비단 정치적, 경제적인 이해를 관철함에 그치지 않고 사회의 구조와 사람들의 심성마저 강제하고 있습니다. 유적을 바라보는 미학까지도 재규정하고 있습니다 근대화·과학학·세계화의 실상이기도 합니다."

자본주의의 대안을 사회주의에서 구한다고 한다면 근대와 과학은 사회주의가 취해해야 할 요소이다. 자본주의가 후진국의 근대와 과학을 방해하고 억누른다고 하는 것이 보통이다. 그런데 신영복은 자본주의가 근대와 과학을 무기로 사회주의 진영의 심성구조를 억누르고 있다고 보는 것이다. 신영복이 마오주의와 문학대혁명을 긍정하는 이유가 여기에 있다. 신영복의 사상적 정체성을 한마디로 요약한다면 마오이스트가 아닐까 싶다.

소박한 농촌공동체를 꿈꾸는 자들

　70년대 초반 김민기의 작은세계에 공감했던 운동권 청년들은 자신들만의 세계를 발전시켜 나간다. 87년 6월 항쟁 이후 민주화 공간이 열리자 그들은 자신들의 생각과 사상을 구체화하기 시작한다.

　그들을 둘러 싼 세계는 점점 커질 운명이었다. 경제규모는 급격히 확장되었고 그에 맞게 그들은 차를 사고 집을 사며 아이들을 가르치고 해외여행을 간다. 이것 자체를 거부하고 자연 친화적이고 윤리적인 삶을 살 수도 있다. 극단파는 그렇게 했다. 그들 중 상당 수는 귀농, 안아키 같은 시도를 긍정적으로 생각하고 결행하기도 했다. 반면 그들 다수는 점점 더 커져가는 세계를 인정하고 특유의 작은세계론을 생활현장에서 실천하기 시작한다.

　아이들을 가르칠 수밖에는 없다. 그러나 그들의 주장에 따르면 기존의 제도권은 경쟁과 서열을 중시한다. 그들은 과학기술 대신 인문학과 친자연적인 교육에 의미를 부여한다. 그 연장선에서 아예 기존 학교 대신 대안학교라는 새로운 교육기관을 설립한다. 대안학교는 꾸준히 성장하여 운동권 청년들이 나이를 먹어 감에 따라 제도권에 진출하여 마침내 진보교육감하에서 혁신학교가 된다.

원전이나 화석연료 대신 풍력·태양광 발전과 같은 친환경에너지가 중시되었다. 여기서도 중요한 것은 에너지 효율성이나 가능성보다는 그것을 뒷받침하는 철학이었다. 원전이나 화석발전은 그것이 과학기술의 발전과 산업화의 진전과 함께 확장된 그래서 많은 사람의 공동생활을 유지시킬 수 있는 인프라를 제공하는데 있었다. 그러나 그들은 도덕과 인성이 숨 쉬는 작은 공동체를 지향했다. 작은 세계라면 에너지 집약적이고 첨단 과학기술이 적용된 것일 이유가 없었다. 그리고 에너지 분산적이고 탈산업적 구조가 민주적이라는 생각도 작동했다. 이것이 문재인 정부의 탈원전의 기원이다.

내재적 발전론은 농업에 뿌리를 둔 소박한 공동체를 지향한다. 이에 따르면 삶의 기본은 농촌에 있고 도시로 이주하는 것은 뿌리를 버리는 것이다. 운동권을 대표하는 이해찬이 서울을 천박한 도시라고 했던 것이 이 맥락이다. 어쩔 수 없이 도시로 이주했다고 하더라도 농촌에서 '우애와 애정'이 넘치는 삶을 유지해야 한다. 80년대 인기를 끌었던 '한지붕 세가족'이 그런 삶의 원형일 것이다. 이런 관점에서 보면 주택은 사고 파는 대상이 아니라 오직 거주의 대상일 뿐이다. 주택은 마치 인디언이 자연을 대하듯 신성한(?) 대상이다. 농촌의 삶이 투영된 도시 빈민의 공동체는 아름답게 유지되어야 한다.

문재인의 행정부, 박원순의 서울시, 조희연의 서울시 교육감 등 민주당 정치인 모두가 공유하는 신념 체계는 내재적 발전론이 지향했던 농촌에 뿌리를 둔 소박한 인간공동체였다. 뿌리가 같았던 만큼 결과도 유사했다. 더구나 그들 모두는 현실보다는 뿌리와 시원을 중시하는 근본주의자였다.

2016년 거대한 촛불시위를 배경으로 집권한 문재인 정부가 5년 만에 정권을 내주게 된 것은 이들의 정책이 90년대 초반 또는 60년대 후반에 뿌리를 둔 몽상적 정책이었기 때문이다.

문재인 전 대통령은 자신의 생각을 합리화하는 과정에서 신영복을 들먹이기 시작한다. 정광민이 쓴 「시월, 청년이 온다」에는 양자 사이의 관계를 다음과 같이 정리하고 있다.

- 문재인 전 대통령 감옥으로부터의사색을 접함
- 98년, 부산민주공원 설계공모 심사위원장으로서 신영복에게 현판과 표지석 글씨를 의뢰
- 99년 부마항쟁 발원지 표지석(신영복 글씨) 제막식 참가
- 2003년 노무현 대통령 취임 초, 신영복이 춘풍추상이라는 글씨 선물
- 2007 노무현 대통령 직전, 우공이산 글씨 선물

- 2012년 대선 때 사람이 먼저다 글씨 선물
- 더불어민주당 당명의 더불어 제공

'사람이 먼저다', '더불어'와 같은 문구와 정조는 그들 모두를 휘감고 있는 공통분모였다. 이 공통분모가 무엇인가를 찾기 위해서는 신영복의 『더불어숲』을 다시 인용하는 것도 좋을 것 같다. 마침 문재인 전 대통령의 증언에 따르면 책 『더불어숲』에서 더불어민주당이 연원했기 때문이기도 하다.

신영복은 『더불어숲』에서 21세기를 탐구한다며 떠난 여행에서 미국과 중국, 일본과 유럽이 아니라 자꾸 인도를 찾는다. 그리고는 자본주의가 본격화되기 이전 그것도 가능한 원시적 자연상태의 공동체에 주목하고 그 공동체의 관계와 풍모가 그대로 보전·발전된 형태의 사회주의를 지향한다. 역사적으로 보면 동아시아 사회주의, 아마도 마오 치하의 중국이다. 아마도 90년대 운동권 급진주의에서 이영희와 신영복이 특별한 존경을 받고 주사파가 득세한 것도 같은 맥락일 것이다.

4. 신영복이 바라본 세계 … 반외세반제국주의

사회주의 붕괴 이후 찾아온 낯선 식민지

90년대 초반 소련·사회주의권이 몰락했다. 80년대 중후반 운동권의 혁명이론은 구소련 사회주의 이론을 뼈대로 하고 있었던 만큼 특별한 대답이 필요했다. 이는 신영복도 마찬가지였다.

운동권과 지식사회 중 대다수는 과거 자신들의 노선에 대해 거의 아무런 반성이나 성찰도 하지 않았다. 운동권은 특별히 성찰이라는 단어를 좋아하지만 그것 또한 어떤 조건에서나 그런 것이다.

이영희는 88년 한겨레신문에 기고한 칼럼에서 77년 중국 당산시에 있었던 지진을 거론하며 사회주의가 옳다고 주장한다. 특별했던 것은 이영희의 주장이 사회주의권의 붕괴가 거의 확인된 시점에서 진행되었고 신념에 넘쳐 주장했다는 점이다.

88년 어느 날 아침 나는 한겨레신문을 통해 이영희의 주장을 읽고 환호했었다. 나뿐만 아니라 주위의 많은 동료들이 그러했다. 30여년이 지난 지금은 의아하다. 상황이 그렇게 명료했는데도 이영희는 또는 우리 모두가 그렇게 했던 것 말이다.

유시민이나 조희연도 비슷한 입장을 취했다. 유시민은 95년 『거꾸로 읽는 세계사』에서 사회주의가 망했지만 "사회주의 이념마저 숨이 끊어진 것은 아니고… 사회주의가 가진 힘은 여전히 살아있다."고 주장했고 조희연은 91년 10월 쓴 논문, 「소련 및 동유럽사태와 우리 사회변혁론 논쟁」에서 맑스레닌주의가 여전히 유효하다고 주장한다. 특히 그는 사민주의조차 개량주의라며 부정적으로 평가한다.

상황은 보다 심각했다. 운동권의 주류였던 주사파는 아예 소련식 사회주의 대신 북한식 사회주의를 옹호하고 나섰다. 북한은 '소련식 사회주의를 제도와 경제를 중심으로 한 사회주의'라고 규정하고 소련의 붕괴는 사회주의의 문제가 아니라 소련식 사회주의의 문제라고 주장한다. 반면 북한식 사회주의는 사람과 의식을 기반으로 하고 있음으로 차원이 다르다는 것이다.

사회주의를 위 두 가지로 나눈다면 PD가 전자에 해당하고 NL이 후자에 해당한다. 운동권 대부분이 NL이었던 점을 고려하면 운동권 대다수가 그러했다고 볼 수 있다. 돌이켜 보면 NL이 절대다수였던 이유는 60~70년대 운동발전 경로에 뿌리를 두고 있었다. 내재적 발전론이나 김민기의 작은세계론, 이영희의 동아시아 사회주의론 모두가 주사파와 연관이 있었다고 볼 수 있다.

91년 사회주의 붕괴 이전 운동권의 90% 이상이 사회주의,맑스레닌주의,주체사상과 같은 급진적 생각을 가지고 있었다. 91년 사회주의 붕괴 이후 본인의 생각을 비판적,반성적으로 성찰한 정도는 10%를 넘지 못한다. 이 경계의 한쪽 끝에는 사민주의가 있다. 사민주의는 의회주의를 인정하는 만큼 사민주의 정도에 동의한다면 기존 맑스레닌주의에서 멀어졌다고 볼 수 있다. 나머지 90%는 80년대 중후반의 생각을 그대로 가진 채 사회에 적응해갔다고 볼 수 있다. 신영복 신드롬이나 베네수엘라 차베스에 대한 열광은 이러한 의식 지형에서 생겨난 것이다.

90년대 초반 사회주의권이 붕괴하면서 상황이 급변하기 시작했다. 이제 반미·반제국주의 하는 주장은 설 자리를 잃었다. 돌이켜보면 사상과 정치의 영역은 뿌리나 DNA가 중요한 법인 듯 하다. 엄정한 비판과 반성이 없이 세상에 적당히 적응해간 상태에서 80년대의 DNA는 사람들의 뿌리에 그대로 남아 있었다. 그리고 이 청산되지 않는 DNA는 2000년대 상황에 극적으로 재생되기에 이른다.

이를 정리하면 다음과 같다.

첫째. 2001년 9·11테러를 계기로 미국과 이슬람 세계 사이의 갈등이 진행된다. 이는 미국 주도의 일극질서하에서 이슬람 세계의 민족적이고 종교적인 저항이라고 볼 수 있다. 특징적이었던 것은 이슬람 세계의 저항이 복고적이고 반동적인 색채를 갖고 있었기 때문에 선악을 가르는 것이 쉽지 않았다는 점이다.

반면 운동권과 지식사회는 9·11 테러와 미국의 이라크 침략을 제국주의 미국의 부활로 간주했다. 80년대 운동권의 뿌리였던 반제국주의 의식이 90년대 소련.사회주의 붕괴 국면에서 일시적으로 수면 아래 가라앉았다가 다시 부활했다고 볼 수 있다.

2003년 미국의 이라크 침략은 초강대국 미국의 오만과 침략성을 보여준다고 볼 수 있었다. 그럼에도 2001년 9·11 테러나 그 이후 알카에다, IS 등 이슬람 과격파를 건실한 반미독립세력이라 보기는 어려웠다. 따라서 미국의 이라크 침략으로 고조된 반미 의식은 시간이 가면서 약화되었다. 특히 2007년 스티브 잡스의 스마트폰 혁명을 미국이 주도하면서 미국은 제국주의·침략자가 아니라 혁신을 선도하는 나라라는 이미지가 확산된다.

둘째. 미국 주도의 경제질서의 확산과정을 신자유주의 세계화로 보며 이를 부정적으로 생각하는 경향이다. 미소 냉전 체제가 붕괴된 이후 미국 주도의 서방 세계는 여러 각도로 경제통합·자유화를 추구하기 시작한다. 여기에는 범세계적 레벨에서 WTO, 지역적으로는 NAFTA나 유럽연합이 있었다. 그리고 양국 간 협정으로는 FTA가 있었다.

운동권 대다수는 이들 경향을 신자유주의 세계화라 부르며 사실상 이전 시기 경제적 제국주의와 비슷한 것으로 봤다. 대표적인 것이 2006년 한미FTA였다. 한미FTA는 신자유주의 세계화와 함께 반미 문제가 결합되어 운동권 전체의 폭넓은 반대의 대상이었다. 신자유주의 세계화가 문제라면 신자유주의 세계화 바깥에 있는 나라들은 긍정적으로 평가될 소지가 있었다. 한국의 운동권은 베네수엘라와 차베스를 신자유주의 세계화를 반대하는 세계의 첨병으로 생각하며 열광적인 지지를 보냈다.

그러나 이 또한 정세판단 미스였다. 한국은 2000년대 범세계적인 경제자유화에 가장 큰 수혜자로 세계화 흐름을 타고 세계 굴지의 산업국가로 발전했다. 한미FTA를 통해서도 한국은 이익을 본 것으로 나타났다. 세계화의 수혜가 뚜렷해지면서 신자유주의 세계화 반대 또한 힘을 잃었다.

　셋째는 중국의 부상에 따른 미중 대립이다. 미중 대립의 1국면은 2000년대 초반이다. 2002년 여중생 시위, 2003년 한국의 이라크 파병, 용산미군기지 이전, 제주 강정 마을 등 미국의 군사전략과 연관된 반미 시위가 확산되었다. 이 때 운동권 나아가 노무현 정권은 반미 또는 미국의 입장에 순응할 수 없는 이유를 다가올 미중 갈등에 휘말리지 말아야 한다고 주장했다.

　미국은 2001년 중국의 WTO 가입에 동의함으로써 경제적 관계의 발전을 통해 미국 주도의 세계질서에 중국을 통합하겠다는 전략을 구사했다. 미국의 이러한 구상은 중국이 정치군사적으로 미국에 대치하는 독자 노선을 걷기 시작하면서 어긋나기 시작한다. 대체로 2009년 오바마 행정부의 출범, 2007년 미국 금융위기, 2013년 시진핑 정부의 출범 등을 거치며 경화되기 시작한다.

　2010년대 중반에는 한국 내에서 신세대를 중심으로 반중 여론이 확산되어 역으로 한미동맹 강화 흐름이 커지고 그 연장선하에서 윤석열 정부가 출범했다. 중장기적인 여론 지형이 2000년대 초중반 민주화세대의 반미여론이 2010년대 중반 이후 신세대를 중심으로 한 반중여론으로 대체되었다고 볼 수 있다.

　결정적인 것은 2000년대 초중반 미중 대결을 우려한 미중 균형 전략 중 상당수가 사실은 반미 또는 탈미적 색채를 기저에 깔고 있었다는 점이다. 보통 시대인식과 정세는 어느 정도 동행하는 법이다. 반면 미중 균형 전략은 2000년 초반 여중생 사망, 9·11 테러와 2003년 미국의 이라크 침략을 맞물려 제기되어 미중 간의 갈등이 본격화되는 것에 비해 몇 년 빠르다. 이는 그들이 시대를 통찰하는 안목이 있었다기보다는 반미, 탈미의 근거를 찾는 과정에서 중국 문제를 부각시켰기 때문이다.

2000년대 초중반 나는 범민련 남측본부 사무처장을 그만 두고 진보연대 등에서 투쟁을 기획하고 지휘하는 입장이었다. 나를 비롯해 내 주변 사람들이 세상을 보는 키워드는 80년대 중후반의 급진주의였다. 한미FTA 반대투쟁 당시 정책책임자였던 이해영 한신대 교수는 한미FTA를 반대하는 자신의 저서의 제목을 「낯선 식민지」라고 붙였다. 이해영을 비롯하여 당시 운동에 참가했던 사람들은 한미FTA를 나라와 나라 사이의 통상협상이 아니라 제국주의 미국이 다시 한국을 유린하는 침략행위쯤으로 보고 있었다. 그리고 그것을 뒷받침하는 논거는 2000년대 한국과 미국의 경제상황이 아니라 맑스주의, 주체사상을 기원으로 하는 제국주의-식민지라는 프레임이었다.

신영복의 국제문제에 대한 인식

이제 위 내용을 배경으로 신영복과 문재인 정부의 관계에 대해 말해 보기로 하자.

2000년대가 되면서 운동권내에서 반미조류가 재확산되면서 신영복도 정치적 발언을 강화하기 시작한다. 대표적인 것이 2003년 황해문학의 대담, '이라크 전쟁 이후의 세계와 한반도발 대안의 모색'이다.

신영복은 위 대담에서 2000년대의 상황이 미국-이슬람 세계의 전쟁, 미국의 이라크 파병 요청을 어떻게 받아들일 것인가의 문제가 아니라 미국 주도의 일극질서, 미국 중심의 자본주의 체제 전체를 극복할 수 있는 계기로 받아들인다. 그리고 그 수준도 정치경제적 또는 군사적 문제가 아니라 근대 서구 문명 전체와 연관된 문제로 받아들인다.

88년 출소 이후 신영복의 생각과 행적은 철학과 인문학, 인간과 관계에 대한 성찰로 포장되어 있다. 따라서 정치적 문제에 대한 그의 생각을 찾기 쉽지 않다. 그런 면에서 위 신영복의 위 대담은 그의 견해를 날 것 그대로 볼 수 있는 좋은 기회이다. 다소 길더라도 2000년대 초반 신영복의 정치적 견해를 음미해 보기로 하자.

먼저 신영복은 미국에 대한 근본적인 인식을 제고할 것을 주장하며 다음과 같이 주장한다.

> 해방 이후 점령군으로 인천에 상륙해서 실시한 미군정에서부터 그 이후에 한국에 친미적이고 반공적인 분단 정치권력을 창

출하고 미국 경제의 하위 구조로서 경제구조를 편성했던 과정들을 냉정하게 검토해야 합니다. 미국에 대한 환상을 청산하는 것부터 시작해야 한다고 생각합니다.

특히 이번에 이라크 침공, 한반도의 핵 위기 그리고 여중생 사망에 항의하는 집회를 통해서도 한반도의 전쟁위험이라는 것이 북한으로부터 시작되는 것이 아니라 오히려 미국으로부터 올 수 있다는 위기감으로 나타나고 있지요.

그래서 현재 북한 핵 문제는 바로 그런 관점, 미국의 부시 정권과 미국 자본의 축적구조의 문제, 또 미국의 동북아 전략 즉 신냉전 구도 즉 중국을 가상의 적으로 삼는 새로운 대결 구도라는 거시적 관점에서 접근하는 것이 필요합니다.

이러한 문제는 남북의 통일과정과 긴밀하게 연동되어 진행된다고 봐요. 저는 북한이 미국과 평화협정을 체결하고 미국적 질서의 중하위권에 종속되는 이른바 한국과 같은 과정을 밟지 않아야 한다고 생각합니다. 이것은 민족 문제이며 아까 이야기한 민족 공동체에 대한 전략적 사고이지요. 평화체제 이후의 통일과정은 그런 점에서 매우 중요한 역사적 의미를 갖는 것입니다. 우리 민족으로서는 최후의 기회로 생각해야 할 것입니다. 우리는 이러한 국면에서 남북 간의 상호 보완적 측면을 최대화해야 합니다 남과 북이 가지고 있는 인적 물적 자원의 최적 배분을 이끌어 내야 합니다. 북한이 세계 자본주의의 하위에 종속되지 않게 도와야 한다고 생각합니다. 이것은 단지 북한의 경제자립 문제뿐만 아니라 남한이 기어를 뺄 수 있는 최후의 기회인 셈이지요. 저는 한국이 자립적일 수 있는 최후의 기회가 바로 남북의 교류 협력과 통일 과정이라고 생각해요. 이 기회를 놓친다면 앞으로 세계 체제의 전반적인 변화가 어떠한 형태로 진행될지 알 수 없습니다만 우리로서는 참으로 무력한 상황을 감내하지 않을 수 없으리라고 생각합니다. 현 시기가 지니는 역사적 중요성이 이와 같다고 생각합니다. 참으로 중차대한 시기가 아닐 수 없습니다.

「황해문학」

또한 미국에 대한 인식 제고 또는 반미운동이 보다 근본적인 변화의 서곡이 되어야 한다고 주장한다.

20세기 최대의 비극이란 바로 유일한 문명, 유일한 체제를 강요하는 것이었다고 생각합니다. 그것이 바로 근대화와 자본주의 체제의 신념체제였다고 보는 것이지요. 유일한 모델을 제시하고 그것을 강요하는 구조가 바로 청산해야 할 할 구조라고 생각해야 됩니다. 그게 바로 제국주의의 논리인 것이지요.

「황해문학」

위 글에서 우리는 60년대 통혁당 전사의 면모를 그대로 볼 수 있다. 위 글은 60년대 썼다고 해도 믿겨질 정도로 옛날 그대로이다. 60년대 통혁당의 생각을 그대로 물려 받은 것이 80~90년대 주사파인데 신영복의 글은 90년대 초반 주사파 대학생이 썼다고 해도 전혀 손색이 없다. 심지어 전체적인 논리가 아니라 문구나 문투까지 유사하다.

다음으로 중국에 대한 기대를 드러낸다. 한반도와 중국이 새로운 세기를 여는 시작이 될 수 있는 근거는 신영복은 위 대담에서 중국 학자들과의 대화를 소개하며

중국의 비판적인 엘리트들은… 한마디로 현대 중국은 자본주의와 사회주의를 지양한 새로운 문명을 만들어 가고 있다는 것이지요. 중국에는 역사적으로 5천 년이라는 아주 장구하고 거대한 시스템이 있다는 것이었어요. 몽골이 지배하더라도 그걸 중국적인 것으로 소화해 내고 만주족이 청나라를 세워 지배를 하더라도 소화해 내고 불교가 들어오면 불학이 되고 마르크시즘이 들어와도 마오이즘으로 소화해내는 그런 거대한 대륙적 소화력이라고 할 수 있는 시스템이 있는데 지금은 자본주의를 소

화하고 있는 중이라고 하는 자부심이 있었어요. 그래서 21세기의 새로운 문명이 창조된다면 그건 중국발일 것이라는 얘기지요. 물론 일리가 있다고 봐요.

「황해문학」

그러면서 그 대안이 한반도 나아가 중국에 있을 수 있다고 주장한다. 신영복은 "그래서 저는 그 근대성을 청산하는 일이 – 그것이 방금 말했던 한반도발이든 중국발이든–새로운 세기가 시작되는 시점이라고 보고, 그 마지막이 바로 미국 패권주의와 운명을 같이하지 않을까 하는 전망, 전망이라기보다 오히려 소망을 가지고 있어요."라고 주장한다.

그는 동양고전을 통해 서양 문명을 존재론, 동양문명을 관계론의 관점에서 이해하고 존재론의 기초한 동의 관점을 관계론에 기초한 화로 문명적 패러다임이 바뀌어야 한다고 주장하는데 이러한 논의 자체가 미국 패권주의에 맞서 동양고전에서 이를 극복하는 사상을 얻고자 했던 시도라고 볼 수 있다.

2000~2020년대 약 20년간 한반도의 외교안보 정세를 관통했던 것은 미중 대치이다. 한국인들은 중국의 부상을 인정하면서도 전통적인 한미동맹에 기초해 중국을 관리하거나 미중 사이에서 등거리 외교를 해야 한다고 보고 있었다. 그런데 극히 일부가 미국의 패권이 약화·붕괴될 것으로 보고 중국에서 그 대안을 구하기 시작한

다. 신영복이 그런 인물이었다.

신영복과 문재인

그럼 신영복의 생각은 현실 정치에 어떤 영향을 미쳤을까? 앞에서 신영복과 문재인 정권 사이의 관계를 소개한 바 있다. (정광민이 쓴 「시월, 청년이 온다」) 그 중 외교 안보 부분만 따로 떼어 정리하면 다음과 같다.

- 2017년 12월 문재인 대통령 중국 방문 / 중국 베이징대에서 연설, 중국몽 언급 / 신영복의 글씨체 '통'이 들어있는 서화체를 시진핑 주석에게 선물

- 2018년 2월 북한의 김여정과 김영남 방남 / 신영복의 글씨체 '통'을 배경으로 문재인 대통령과 김여정, 문재인 대통령과 김여정. 김영남이 함께 기념 촬영 / 신영복을 가장 존경하는 인물이라고 발언

문재인 전 대통령의 신영복에 대한 애착은 집요하고 과도할 정도이다. 정상적이라면 대통령이 통혁당 장기수를 언급하는 것도 부

적절할 수 있다. 그럼에도 문재인 전 대통령은 행보 곳곳에서 지나칠 정도로 자신의 행동을 신영복과 연관시킨다.

역시 신영복과 운동권 공동체 사이에 오랫동안 이어져 온 관계를 생각하는 것이 좋다고 본다. 앞에서 살펴 본 신영복의 주장은 50년 전 통혁당의 논리 그대로이다. 문투나 서술 방식도 50년 전과 거의 차이가 있다. 차이가 있다면 중국 부분이다. 통혁당은 민족해방·자립을 강조하기 때문에 중국이 부차적인 대상이라면 2000년대 초반 미중 쟁패기를 고려하여 설명의 합리성을 높이기 위해 중국을 우호적으로 차용했을 것이다.

문재인 전 대통령과 민주당 정치세력 또한 90년대 초반 민주화 운동의 논리와 감수성을 그대로 가지고 있었다. 신영복과 문재인 전 대통령은 외교안보 문제를 가지고 토론할 필요조차 없었을 것이다. 왜냐하면 그들이 공유한 외교안보 문제에 대한 인식은 적어도 30년 전에 뿌리를 두고 있었고 그것을 끄집어 내기만 하면 충분하기 때문이다. 문재인 전 대통령의 입장에서는 노선과 정견에 대한 토론이나 일치가 아니라 자신의 행동을 합리화할 이벤트면 충분했을 것이다. 인간 신영복과 문재인의 만남에서 특별히 서화체가 두드러지는 이유가 여기에 있다.

한국적 상황에서 문재인 전 대통령의 생각을 연설문이나 공식 멘트를 통해 이해하는 것은 부적절할 수 있다. 문재인 전 대통령은 미국에 대한 생각 또는 북한에 대한 생각을 솔직하고 투명하게 말하기 어렵기 때문이다. 어쩌면 문재인 정권의 외교안보 문제에 대한 진면목은 훗날 검찰수사나 사법적 영역을 통해 이해하게 될지 모른다. 그 만큼 문재인 정권의 외교안보, 통일정책은 2000년대의 한국이 받아들이기 어려운 이념적 성향을 갖고 있었다.

따라서 대통령의 생각을 그가 존경했던 인물, 그가 좋아하는 책을 통해 우회적으로 판단하는 것이 유효할 수 있다. 마침 2022년 6월 9일 문재인 전 대통령은 소셜미디어를 통해 「짱깨주의의 탄생」이라는 책을 소개했다.

책에는 이런 내용이 있다.

> 역사적 관점에서 보면 동아시아에서 지역 평화체제를 수립하는 것은 샌프란시스코 체제와 전혀 다른 시대를 여는 것을 뜻한다. 수직적 위계관계에 있는 신식민주의적 국가 간 체제가 평등한 국가 관계로 전환되는 것이 그 핵심이다. 한반도의 평화체제는 한반도 분단체제의 종식과 동아시아 지역공동체 형성이라는 두 가지 축으로 구성된다.
>
> 「짱깨주의의 탄생」

약간의 해설을 덧붙이자면 다음과 같다. 한미 경제관계는 신식민주의적 관계이고 한중 사이의 관계는 그것과는 전혀 다른 관계인데 이를 토대로 남북, 한중 관계를 엮어 한반도 평화체제를 만들어야 한다는 것이다.

「짱깨주의의 탄생」 작가인 김희교의 주장은 위 신영복의 '소망'과 동일한 내용이다. 2000년대 초반 미국 주도의 일극질서가 균열을 보이자 한국의 진보·민주파는 한중, 남북관계를 연결하는 탈미적 구상을 선보인다. 이 갈래 중 특별한 인연으로 얽힌 관계가 문재인 대통령과 통혁당 장기수 신영복이었다. 양자 관계를 주도했던 것은 아마도 문재인 대통령일 것이다.

앞에서 말한 것처럼 신영복과 문재인은 2000년대의 동북아시아 정세를 토론할 필요도 없었을 것이다. 양자는 동일한 뿌리, 동일한 DNA에서 발원한 강물의 끝에서 자연스럽게 조우했다. 그리고 문재인 전 대통령은 대통령으로서의 자신의 특별한 이벤트를 통혁당 장기수이자 구좌익을 대표하는 정치범에게 헌정하고 싶었을 것이다. 그리고 자신의 생각과 의지를 꾹꾹 눌러 담아 신영복을 존경한다는 멘트와 서체에 담았을 것이다.

5. 60년대 통혁당의 꿈이 담백한 서체를 타고 21세기 대한민국을 흐르고 있다

70~80년대 민주화운동이 재야와 대학가를 휩쓸었다. 학생들은 자신의 민주화운동에 특별한 의미를 부여하기 시작한다. 그것은

서구 민주주의와 다르고 양김씨의 민주당이 지향하는 민주주의와도 달랐다. 그들은 자신의 민주주의를 맑스레닌주의 또는 마오 사상과 연관지어 설명하기 시작했고 남로당·통혁당 등 구좌익 운동을 자신의 뿌리로 지목했다.

불행했던 것은 87년 6월이 끝나고 91년 사회주의가 붕괴되었음에도 이러한 경향이 그대로 유지되었다는 점이다. 80년대 급진주의를 수용했던 청년들은 직장을 얻고 결혼을 함에 따라 자연스럽게 사회에 합류했지만 그들은 80년대 중후반의 사상과 정조를 버리지 않았다. 사상과 정치는 고통스러운 단절이 없는 청년시절의 DNA가 유지되는 법이다. 우리는 지금 청년시절의 혁명적 신념을 그대로 갖고 있는 대규모 중년을 목도하고 있다.

구좌익을 뿌리로 하는 급진주의는 민주화의 진행, 사회주의의 붕괴에도 불구하고 대규모로 살아남았다. 그리고 이들을 뿌리로 독특한 문화와 공동체가 탄생했는데 그 중 하나가 신영복 신드롬이다.

신영복 신드롬의 주어는 80년대 민주화운동일 것이다. 나이를 먹고 사회에 진출해도 과거의 신념을 버리고 싶지 않았던 운동권들 중 일부가 신영복을 빌어 자신의 정체성을 유지하려 했던 것 같다. 반면 신영복은 은은한 수사와 인문학을 실어 적절히 이에 부응했다

신영복의 역할에는 한계가 있다. 그에게는 60년대 통혁당을 뿌리로 하는 구세대이고 전향 장기수라는 법률적 족쇄가 채워져 있었다. 따라서 양자 사이의 관계는 정치적인 관계가 아닌 문화적이고

은유적인 형태를 띨 수밖에 없었다. 문재인 전 대통령이 서체와 글씨를 통해 신영복에 대한 애틋한 감정을 담고자 했던 것도 그런 이유이다. 그러나 그거야말로 신영복이 일찍이 시서화를 통해 의도했던 바이기도 하다. 신영복은 문화적인 것이 진정으로 정치적이라는 것을 깨달았던 '전향' 장기수였다.

60년대 청년 신영복이 꿈꾸었던 통혁당의 꿈이 담백한 서체를 타고 여전히 21세기 대한민국을 흐르고 있다.

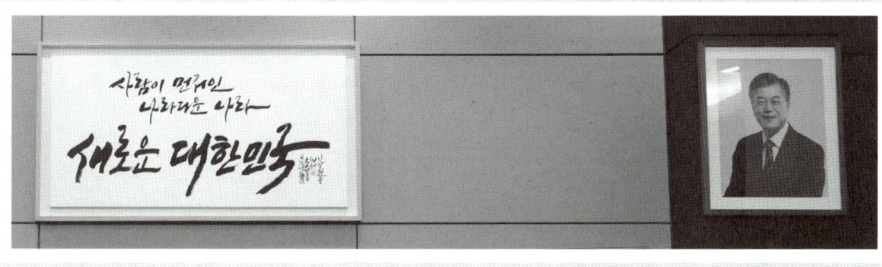

신영복과 문재인, 양자는 동일한 뿌리, 동일한 DNA에서 발원한 강물의 끝에서 자연스럽게 조우했다. 그리고 문재인 전 대통령은 대통령으로서의 자신의 특별한 이벤트를 통혁당 장기수이자 구좌익을 대표하는 정치범에게 헌정하고 싶었을 것이다. 자신의 생각과 의지를 꾹꾹 눌러 담아 신영복을 존경한다는 멘트와 서체에 담았을 것이다.

| 편집자의 말 |

신영복의 시간이 왔다

처음 책을 기획하면서 '갑자기, 왜, 신영복'이냐는 질문을 많이 받았다. "요즘 누가 신영복을 읽냐"는 의견과 "신영복을 모르는 사람이 더 많다"는 의견도 있었다.

맞다. 신영복을 모르는 사람도 많고 신영복의 책을 읽지 않은 사람이 더 많을 것이다.

그러나 신영복의 글과 글씨체를 모르는 사람은 없다.

광화문 교보문고 빌딩을 가득 덮은 신영복의 글씨체와 그의 글들….

신영복은 몰라도 그가 쓴 글은 안다. 굳이 소주 '처음처럼'이 아니라도 우리는 일상에서 자주 신영복을 만난다. 심지어 교과서에는 신영복의 글이 실려있고, 중고등학생들의 추천도서로 신영복의 책이 올라있다.

모윤숙, 이광수 등의 교과서에 실린 문인이 친일파라는 이유로 그 문학적 가치에도 불구하고 형편없이 매도되었던 것과는 달리 신영복의 글은 아무런 논란도 없이 조용히 교과서를 통해 우리 아이들에게 스며들었다. 신영복 저자 소개에는 통일혁명당, 국가보안법, 무기수 등의 용어는 단 한줄도 등장하지 않는다. 일제식민지는 지나간 과거이지만 분단은 여전한 현재임이도 말이다.

신영복은 이처럼 조용히 우리 사회 곳곳에 스며들었고, 신영복의 사상과 글씨체는 한국사회 지식인의 표상처럼 인식되었다.

해방 이후 수많은 조직 사건이 공안기관에 적발되었다. 소위 운동권들은 대부분의 사건을 '실체가 없는 공안기관에 의한 조작'이라고 부정했지만 통혁당에 대해서는 그 누구도 실체를 부인하지 못했다. 북한의 공작에 의한 것인가, 남한내 자생적인 조직인가에 대해서만 약간의 논쟁이 남아있을 뿐이다. 통혁당 연루자들이 수사과정의 불법성으로 인해 무죄판결을 일부 받았음에도 통혁당의 존재를 부정하지는 못했다. 북한이 너무나 명백하게 통혁당의 존재를 인정했기 때문이다.

통혁당은 그런 사건이다. 좌익 사상을 가진 이들의 가슴에 심장처럼 새겨진 그런 사건이다. 그런 통혁당 무기수 신영복이 한국 사회 전반에 스며들었다.

이것이 과연 그가 전향했기 때문에 가능한 일이었을까? 같은 사건으로 전향한 김질락은 어떻게 되었을까? 그는 통혁당 사건으로 사형을 당했음에도 전향을 이유로 변절자로 버려졌다. 북한은 통혁당 핵심인 김질락과 이문규는 기념하지만 김질락은 언급조차 하지 않았다.

그런데 신영복에 대해서는 어떠했는가? 김일성이 직접 신영복을 북으로 송환하고자 애썼던 사건이 있지 않은가? 그는 진정 전향했는가?

신영복이 이토록 쉽게 우리 사회 곳곳에 스며들 수 있었던 것은 그의 글과 글씨가 좌파 사상에 경도된 지식인들의 입맛과 구미에 안성맞춤이었기 때문이다.

어떤 이들은 그의 글에 사상적 색채가 빠졌다고 하지만 그의 글 곳곳에는 그의 사상이 조용하고, 세련되게 흐르고 있다. 마치 매일 조금씩 먹는 약에 어느새 중독되듯이 그의 세계관은 그렇게 조용히 우리 사회 저변을 적시고 있다.

우리는 촛불을 들고 광화문에 나서는 발걸음이 민주주의를 완성하는 일이라 믿고 있다. 사실 그런 마음 저변에 깃든 것은 주체사상의 사회역사적 원리인 '인민대중의 투쟁이 역사를 바꾼다'는 역사인식이다. 신영복은 이를 좀 더 세련되게 '우직한 어리석음이 세상을 바꾼다'나 '우공이산'의 중국 고사로 부추겼을 뿐이다.

덕분에 현대사회의 수많은 이견과 이해관계를 합리적인 토론과 법치를 통해 조율해야 한다는 근대 민주주의 사상은 아예 존재하지 않는 세상이 되었다.

'투쟁하는 민중이 세상을 바꾼다'는 구호만 난무할 뿐이다. 실정법을 어겨도 우리 편이면 촛불을 들고 거리로 뛰쳐나오면 장땡인 세상이다.

'노력하고 경쟁해서 성공하라'는 건강한 생각은 꼰대 또는 시장주의자들의 착취 야욕으로 폄하되고 협력과 상생이라는 미명 하에 절대적 평등을 위해 사회 전체가 퇴보하는 길을 택하기 시작했다. 국가는 마르지 않는 샘처럼 국민을 먹여 살려야 하고, 국민들은 그저 가진 자의 재산을 세금으로 걷어 나누어 먹으면 되는 약자가 되었다. 열심히 사는 이들의 주머니를 털어 모두가 나누어 먹는 것이 옳은 사회인냥 되었다. 한강의 기적을 이루었던 패기 넘치던 대한민국은 이제 나랏빚이 천조가 넘는 천조국이 되었다. 가난은 국가의 책임이 되었고, 모두 악다구니를 쓰며 권리를 외치는 사회가 되었다.

이 모든 현상에 신영복의 사상이 흐른다고 생각한다. 국가의 미래는 개인이 만든다는 사명감을 해체시키고, 노력하고 경쟁하는 이들을 손가락질하며 우리 사회는 무엇을 얻고 싶었던 것일까?

"문재인은 신영복을 존경하기 때문에 김일성주의자"라는 급작스러운 김문수 신임 경사노위 위원장의 국회 발언으로 신영복은 다시 우리 사회의 화두가 되었다. 이 말은 맞는 말일 수도 있고, 틀린 말일 수도 있다.

그러나 정상적인 국가 시스템과 법치, 한국 사회가 기적적인 성장을 이룰 수 있었던 동력을 부정하고 '촛불만 들고 거리에 나서면 모든 것이 해결되는 나라' '성공을 위한 노력은 탐욕이 되고 국가가 모든 것을 해결해줘야 하는 나라'가 신영복의 궁극적 목표라면 신영복은 문재인이라는 정치세력을 타고 목표한 바를 이루었다고 봐도 무방할 것이다.

공기처럼 사회 곳곳에 스며들었던 신영복이 수면 위로 떠올랐다. 다시 신영복의 시간이 돌아왔다. 이제 우리 사회에서 신영복은 무엇인가에 대해 다시 물어야 할 시간이다. 인간 신영복이 아니라 그의 사상과 글을 다시 평가해야 할 시간이다.

우리가 원하든 원하지 않던 미래는 다가오기 때문이다. 다시 대한민국의 길을 물어야 하는 시점에 우리는 신영복을 화두로 던지고자 한다.

| 부록 |

통일혁명당 선언

파시즘을 격멸하고 인류재생의 여명을 가져왔던 종전 20여년 그 이래 인류역사는 실로 장족의 비약을 이룩했다.

긴긴 세월 구미열강의 속지로 되어 그 번영을 위해서만 존재했던 피압박 3 대륙이 이제 압제와 굴욕의 오랜 역사를 박차고 민족해방의 영웅항전에 일어섰으며 대소민족들이 포악한 제국주의철쇄 를 끊고 마침내 민족자결, 민족중흥의 장도에 올랐다.

장엄한 이 세계사적 격동과 거류(巨流) 속에서 이북 형제들은 위대한 사회주의 변혁과 경이적 발전을 기하고 단연 세계만방의 선진대오에 앞장섰다.

그러나 국토양단과 민족분열의 비극적 여건하에 우리 한국은 식민지 반봉건적 후진성에서 탈피하지 못한 채 의연 전대미문의 수난 속에서 몸부림치고 있다. 이 땅에서 민족자주권이란 한갓 집권자들의 민족적 구호와 요설(妖說)에 불과하며 실은 외세의존, 예속, 불평등, 민족적 치욕이 전부다.

'자유' '민주주의' 역시 '헌법'의 지면상에서만 유효하고 실지로는 독재와 학정이 판을 치며 민중을 질식시키고 있다. 경제는 피폐, 몰락의 악순환을 거듭하여 빈사상태에 이르고 한국사회는 지구상 제일의 저소득지역으로, 실업의 왕국, 기아와 질병이 만연하는 처참한 나락으로 화했다.

고금동서에 찬란함을 자랑하던 민족문화는 그 본연의 자세를 잃고 말세기적 양풍, 왜풍과의 혼탕물로 되고 말았다.

'부정부패의 일소'를 표방했던 '5·16혁명 공약'은 순진한 민중에 대한 일대기만이었으며, 독직, 매수, 특혜, 폭리 등 소수특권관료층과 매판재벌들의 비행은 극도로 파렴치해졌고 만고역적들은 구악을 뺨칠 신악의 화신으로 등장했다. 대대로 강요된 민족수난 위에 더 가중된 이 미증유의 망국적 비운 속에서 민중의 신음과 통곡, 빈궁과 무권리는 극에 달하고 우리 혈육들이 처처에서 사회를 저주하며 비명횡사하고 있는 것이 한국의 현실이다.

묻노니 이 모든 통탄할 사태의 근원은 과연 어디에 있는가? 이는 오로지 미제국주의의 군사적 강점과 그 침략정책에 있으며 낙후한 식민지반봉건적 사회제도에 있다.

'해방자'의 탈을 쓰고 기어든 미제침략자들은 시초부터 우리 한국을 제놈들의 식민지로 전화시키고 여명에서부터 실질적 통치자로 군림했다.

이들은 자주자립과 민족적 독립을 염원하는 우리 인민의 열화같은 지향을 거세할 목적 밑에 독립의 외피로 가식된 식민주의정책을 시행했다.

미제국주의자들의 총검에 의해 날조된 '대한민국정권'은 그들의 식민지지배를 엄폐하는 위장물이며 우리 인민에게 그것을 강요하기 위한 도구에 불과하다.

미제국주의자들은 이땅에서 가증스러운 식민지반동통치를 감행키 위해 우리 인민의 인적, 물적 재부를 깡그리 탕진하며 간악무도한 파쇼독재에 매달리고 있다.

실로 미제국주의의 식민지지배와 그에 의해 부지되는 후진적인 식민지반봉건적 사회제도, 이것이야말로 우리사회의 일체 모순과 병폐의 근원이며, 또 그것이 바로 우리 겨레들이 당하고 있는 모든 불행과 재화의 화근인 것이다.

따라서 우리 인민이 압제와 빈궁에서 해방되고 진정한 자유와 복리를 향유하는 출로는 오직 하나, 부패·변질된 현존제도를 전복하고 자주적이며 민주주의적인 새 사회제도를 수립하는 데 있다.

착취사회는 그 본성에 있어서 불평등적이다.

우리 사회에서 부귀영화를 누리고 치부하는 자는 소수 기생충적 착취계급이며 그 희생자들은 다수 피압박 대중이다.

그러기에 미제침략자들과 그 주구들, 지주, 매판자본가, 악질관료배들은 현 반동제도를 고수하고자 항거하지만 노동자, 농민, 청년학생, 지식인, 도시 소시민 등 광범한 인민대중은 그를 타파하는데 절대적 이해관계를 가진다.

이 양자는 불구대천의 원수이며 그 모순은 오직 결사적 투쟁으로서만 종말된다.

한국에서 혁명은 필연적이며 불가피하다! 무릇 혁명은 해당 사회제도의 불상용적(不相容的) 모순에 그 객관적 근원을 두고 있다. 혁명은 '수출' 할 수도 없고, '수입' 할 수도 없다. 한국혁명은 한국인민의 주동적 역할에 의해 수행돼야 하며 한국의 피압박, 피착취 대중은 자기 자신의 혁명투쟁으로 자유와 해방을 성취하여야 한다. 혁명이란 반혁명세력에 대한 혁명세력의 판갈이 싸움이며, 무장한 반혁명은 오직 혁명폭력에 의해서만 타도될 수 있다. 우리 조국의 피압박, 피착취 대중이 반혁명을 타도하고 혁명의 승리를 달성하기 위해서는 반드시 자기 자신의 강력한 혁명역량을 준비하지 않으면 안 된다. 혁명역량을 편성하고 그를 성장·발전시키는 데서 중핵으로 되는 것은 혁명의 조직자이며 향도력인 혁명적 당을 가지는 것이다. 당이 없이는 망각 속에 버림받은 인민대중을 혁명의식으로 각성시킬 수 없고 조직화할 수 없다. 당의 영도가 있어야만 자연생장적 대중투쟁을 목적의식적 혁명투쟁으로 발전시킬 수 있다. 혁명적 당을 못 가진 군중은 참모부없는 군대와 같고 그러한 군중으로서는 그 어떤 승리적 인민혁명에 대해서도 말할 수 없다. 4·19장거를 결정적 승리에로 종착시키지 못한 것도 구경은 혁명적 당이 없는 데 기인했고, 마찬가지로 5·16탈권을 허용하고 그 후안무치한 찬탈자들의 반혁명적 공세를 좌절시키지 못한 것도 종당은 혁명적 당이 없었고 그 영도가 결여된 데 귀착했다. 혁명의 진리와 반복된 피의 교훈 앞에서 이나라 민중이 그처럼 갈구하여 마지않던 것은 곧 피압박 대중의 의사를 체현하고 그들의 투쟁을 승리에로 향도할 당, 혁명적 당이었다. 우리 혁명가들은 사회발전의 객관적 요청에 호응하여, 그리고 피맺힌 역사의 교훈과 민중의 염원에 보답하여, 이미 오래전에 통일혁명당 지방조직들을 결성하였고 이후 수년간 간고한 지하혁명활동을 전개해 왔다. 이제 우리는 전진하는 혁명운동과 당 자체발전의 간절한 요구에 따라, 당의 중앙지도부를 조직하고 여기 통일혁명당 선언을 세상에 공포한다. 통일혁명당은 그 계급적 기반과 지도이념, 투쟁목적상 일체 기성 정당정파들과 질적으로 구별되는 새 형의 마르크스·레닌주의당이다. 우리 당은 사회의 기간적 역군인 노동계급과 농민을 위시한 근로인민대중의 이익을 대변하여 옹호한다. 당은 이들 노동자, 농민들과 근로인텔리들의 선각분자들로 조직된다. 노동계급, 농민 등 근로대중은 물질적 정신적 부의 창조자이며 사회성원의 절대다수를 점하고 있다. 이들을 떠나서는 사회의 존립도 민족의 번영도 상상할 수 없다. 따라서 이들의 이익을 옹위함은 사회정의를 실현하는 대전제이고, 동시에 그것이 곧 민족적 이익의 가장 투철한 구현으로 되는 것이다.

   통일혁명당의 지도이념은 마르크스·레닌주의를 현 시대와 우리 조국 현실에 맞게 독창적으로 구현한 김일성의 주체사상이다. 주체사상은 40여년 간의 험난한 혁명의 폭풍우 속에서 완벽함을 과시한 우리 시대의 마르크스·레닌주의이다. 그것은 과거와 현재뿐 아니라 미래에 대해서도 무궁한 활력을 가지며, 우리 인민만이 아니라 전세계 수억만 인민들의 진로를 휘황히 명시해 주고 있다. 우리 당은 바로 이 위대한 주체사상을 지도이념으로 삼고 있기에 불패이다. 우리 당의 최고목적은 사회주의, 공산주의 사회를 건설하는 것이다. 사회주의, 공산주의는 인류의 세기적 숙망이며 최고이상이다. 여기서는 인간에 의한 인간의 억압·착취가 종국적으로 청산되고 자유, 평등, 복지, 문명에의 인간의 지향이 비로소 완전히 그리고 철저히 구현된다. 그러기에 압제자들은 온갖 수단과 방법을 다해 '반공' 소동에 광분하지만, 사회주의, 공산주의 승리는 불가항력적이며 그를 저지시킬 힘은 이 세상에 없다.

　한국사회 발전의 현 단계에서 사회주의, 공산주의에로의 진로를 타개하기 위해서는 우선 사회적 전진을 저지하는 식민지반봉건적 사회제도를 소탕해야한다. 따라서 우리 당의 당면 목적은 한국에서 인민민주주의혁명을 수행하여 부패한 식민지반봉건적 사회제도를 전복하고 그 무덤 위에 인민민주주의제도를 건립하며 나아가서 민족의 희원인 국토통일의 대업을 성취하는데 있다. 당은 우리 강토에서 미국 침략군을 격퇴하고 괴뢰정권을 타도하며, 자주적이고 민주주의적인 인민의 정권을 수립할 것이다. 당은 민중에게 참된 자유와 권리를 부여하고 토지개혁과 중요 산업 국유화를 위시한 제반 민주주의적 변혁을 단행하여 경제와 문화의 부흥발전과 민생문제의 조속한 해결을 도모할 것이다. 당은 남북간의 인사왕래, 서신거래, 문물의 교환·교류 등 민족융합을 위한 점진적 제 조치를 적극 강구하며, 외세의 간섭을 배격하고 남북총선거에 의한 민족자율적인 평화통일을 성취하기 위해 분투할 것이다. 우리 당의 당면 목적이 실현될 때, 한국은 진정 한국인의 한국으로 되고, 주권은 원래 주권자인 인민의 것으로 되며, 일체 창조물은 그 창조자들 자신의 복리를 위해 이용 되며 한 줄기의 지맥과 혈맥으로 이어진 3천리 강토와 4천만 민족은 통일된 조국에서 길이 부강·번영할 것이다. 전일적인 통일혁명당의 출현은 우리 인민의 사회정치생활상 특기할 사변이며 한국혁명발전에서 전환점으로 된다. 우리 인민은 자기 권익의 진정한 옹호자, 혁명의참모부를 가지게 되었고, 통일단결의 확고부동한 구심점, 투쟁의 위대한 기치를 지니게 되었다. 이제 한국의 피압박 피착취 인민대중의 투쟁은 맹목성에서 탈피하여 정확한 방향각에 따라 전진하게 됐을 뿐 아니라, 종래의 분산성을 극복하고 당의 통일적인 향도하에 하나의 거세찬 혁명운동으로 발전하게 될 것이다.

　물론 우리의 진로는 탄탄대로가 아니다. 자유와 민주주의의 편린도 찾아볼 수 없고 일체 선진사상과 진보적 운동에 대한 잔악한 폭압이 횡행되는 현실적 여건에서 우리의 전진도상에 어찌 애로와 난관인들 없을 수 있겠는가! 적들은 지금 민족의 자주자립과 인민의 자유해방을 위해 분기한 우리 애국자들과 혁명가들을 '반역자'로 몰아 잔인하게 처형하며 반미 구국과 통일혁명을 위한 우리의 성업을 말살하기에 광분하고 있다. 그러나 이것은 임종에 이른 자들의최후 경련에 불과하다. 교형리들은 우리대오에서 몇몇 전우들을 앗아갈 수는있어도 그들이 뿌린 혁명의 불씨는 결코 소멸할 수 없으며, 불원 고조될 혁명의 노도를 그 무엇으로도 막을 수 없다. 우리는 자자손손 대를 이어 지켜 왔고 애국투사들의 선혈로 물든 신성한 조국강

토가 양키놈들의 검은 군화 밑에 유린되는 것을 결코 방관치 않을 것이다. 우리는 기어코 잔악무도한 침략자들과 매국노들을 소탕하고 그들에 의해 이지러진 조국땅 위에 민중의 낙원을 건립하고 동강난 조국을 이어 놓고야 말 것이다. 우리의 혁명위업은 정의롭고 그 승리는 필연적이다. 한국혁명은 김일성에 의해 향도된 항일무장투쟁의 영광찬 전통에 뿌리박고 있으며, 혁명의 진리, 역사의 등대인 위대한 주체사상에 의해 그 진로가 역력히 명시돼 있다. 혁명의 적들은 극소수이고 혁명의 편에는 무궁무진하는 힘을 가진 수백 수천만 대중이 있다. 우리 인민은 기백을 간직해 왔고 침략과 매국에 항거하여 줄기차게 싸워 왔다. 우리의 성업은 전국혁명의 보루인 이북의 불패의 혁명기지에 의해 굳게 담보되고 있고 북녘 형제들의 동포애적 지원을 받고 있다. 국제적 정세추향도 우리 혁명에 이롭게 전변되고 있다. 우리 혁명의 주적 미제국주의는 내외정세에 휘몰아치는 혁명적 폭풍우 앞에서 전율하고 있다. 지금 지구상도처에서 감행되는 양키들의 침략과 전쟁소동은 함정에 빠진 맹수의 광증이다. 미제국주의는 이미 역사의 하강선에 함입된지 오래며 그 임종의 시각은 박두하고 있다.

현 시대는 국제자본의 철쇄가 계속 절단되고 사회주의가 승리하는 세계사적 전환의 시대이며, 모든 대륙의 피압박 민족들이 긴긴 칠흑의 암야을 걷어차고 반제해방의 결전에 궐기한 투쟁의 시대이다. 이 도도한 시대의 기류 속에서 전개되는 우리 혁명의 전도는 휘황하며 그 승리는 확정적이다. 바야흐로 혁명은 성숙되고 있으며 결정적 시기는 임박하고 있다. 학대와 주림을 박차고 자유와 해방을 위해 분기한 이 나라 민중의 기개는 장대하며 그것은 일로 거세찬 혁명의 격랑으로 번져가고 있다. 이 엄숙한 시각에 당은 당신들 피압박 대중들과 애국적 인민들을 압제자들을 격멸하는 위대한 성전에로 부른다. 굴종은 죽음이며 주저는 패배다.
모두 다 반미구국과 통일혁명의 위업을 위해 과감히 떨쳐 나서라!
일체 애국적 민주주의적 역량은 통일혁명당의 기치하에 굳게 단합하라!
미제 침략자들과 그 주구배들을 타도하자!
한국의 인민민주주의혁명 만세!
김일성의 주체사상 만세!

통일혁명당 강령

제2차대전 후 일제를 대신하여 상륙한 제국주의는 우리나라에 대한 100여 년래의 침략야욕을 충족하고 아시아 대륙침략의 교두보를 구축할 목적하에 한국을 군사적으로 강점했다. 그들은 점령군의 총검으로 억압하고 독립과 원조의 감언으로 우롱하면서 새로운 식민지통치자로 등장했다. 그간 우리 한국사회에 어떠한 변화가 있다면 다만 전시효과를 노리는 구체적인 민족적 외피와 민주주의의 가식물이 첨가됐을 뿐 20세기 초 이래의 식민지 노예의 역사는 의연 지속되고 있다.

국토가 있고 주권재민을 고창하나 이는 명색에 불과하고 미제침략자들이 정치, 경제, 군사 등 한국의 일체 권력을 농단하는 실제적 통치자로 되고 있다. '대한민국'이란 가증스런 식민지지배를 분장하기 위한 간판이고 그 정권은 미제침략군과 원조달러에 의해 부지·조종되는 신식민주의의 도구이며 매국배족의 괴뢰정권이다. 현 박정권도 미일제국주의 배설물로 사양된 주구집단으로서 상전의 지시에 충실한 침략과 약탈의 하수인이다. 미제국주의는 한국경제를 원조에 결박하여 그 요충을 장악하고 식민주의 지배의 효율적 실현을 위해 경제체제를 개편했다. 각종 특혜를 통해 미국 과잉상품 처리의 중개자, 독점자본침투의 안내자, 대중수탈의 공모자가 될 매판자 본가들을 육성하는 일방, 사기적 농지개혁을 시행하여 토착봉건지주 세력을 비호했고 이들을 식민통치의 사회적 지반으로 삼았다. 이로 인하여 도시에서는 미제독점자본과 그것에 부수하여 겨레의 고혈을 짜내는 한줌의 신흥매판재벌이 산업경제의 기간부문을 지배하게 됐고 허약한 민족자본은 도처에서 구축·파산당하고 있다. 농촌에서는 지주적 토지소유제와 그것에 기초한 전근대적, 경제외적 착취방식이 온존되어 농업경영의 영세화와 광범한 소농경제의 영락을 초래하고 있다. 결과 한국경제는 자립적 성장의 길이 폐쇄되고 무제한한 식민지약탈과 군사적 부속물로서만 소용되는 대미일변도의 예속경제로 전환되고 의연 전근대적 후진성에서 탈피치 못하고 있다. 한국의 현실 사회제도는 식민지적이고 반봉건적이다. 오직 미제침략군의 총검과 그 주구배들의 파쇼폭압에 의해서만 지탱되고 있는 이 부패한 사회제도야말로 한국사회 발전의 고질적 암이며 이 사회의 모든 병폐의 화근이다.

외래침략세력과 그 주구배들의 도량( )하에 날을 따라 심각화되는 경제적 파국과 정치적 혼미, 사회적 불안과 대중적 궁핍, 전사회에 창궐하는 부정부패와 말세기적 사회악 등 이 모든 가공할 상황은 현재 사회제도의 반민족성, 반인민성을 단적으로 실증하고 있다. 그것은 나라의 자주적, 민주적 발전과 결코 양립할 수 없다.

현존 제도의 혁명적 전복은 자주자립을 지향하는 민족사의 요청이고 자유해방을 열망하는 민중의 의지이며 한국사회 발전의 객관적 필연성이다. 식민지 반봉건사회의 체내에서 배태된 한국혁명에는 반제민족해방적 과제와 반봉건민주주의적 과제가 동시에 부과돼 있다.

이 역사적 과제는 상호 공존할 수 없는 두 세력간의 첨예한 투쟁 속에서만 해결될 수 있다. 현 권력구조와 경제기반 위에서 전횡과 부귀를 누리는 미제침략자들과 매판자본가, 지주, 악질관료들은 사회의 혁명적 변혁에 필사 항거한다. 그들은 우리 민족의 권익을 유린하고 우리 사회의 민족적 발전에 역행하는 반민족, 반민주세력이며 혁명의 타도대상이다. 반혁명의 괴수이며 국내반동의 사양자인 미제국주의는 혁명의 주대상이다. 반대로 식민지반봉건 사회체제하에서 착취와 억압만을 당하는 노동자, 농민, 병사대중과 진보적 청년학생, 지식인, 도시소자산계급, 그리고 양심적 민족자본가들은 사회혁명에 사활적 이해관계를 가지고 있다. 이들은 민족적, 민주적 유대로 결합된 사회진보의 추진력이며 혁명의 동력을 이룬다. 이 중에서도 노동계급은 가장 선진적이고 혁명적이며, 때문에 혁명의 지도적 사명을 감당할 영도계급이 된다. 한국혁명은 노동계급의 영도하에 사회주의를 지향하는 인민민주주의혁명이며 한국사회의 참된 재생의 길은 곧 여기에 있다. 19세기 서구자본주의가 걸어온 길은 이미 낡았다. 자본주의의 평화적 발전기가 종말을 고하고 제국주의 단계에 들어선 오늘의 역사적 환경에서 이 길을 따라서는 식민지후진국의 민족민주적 과업을 종국적으로 성취할 수 없다. 이 길은 또다시 제국주의에 예속되어 절대다수 인민을 빈궁과 학대 속에 몰아넣고 오늘의 민족비극사를 반복할 뿐이다. 인민민주주의혁명만이 나라의 자주권을 확고히 담보하고 인민의 자유와 해방을 철저히 실현하며 민족통일의 대업을 성취하는 길이다. 8·15해방후 이북에서는 김일성의 향도하에 노동자, 농민, 지식인 등 전체민중이 인민혁명을 승리적으로 추진하여 자주, 자립, 자위의 부강한 독립국가 를 건설했고 주리고 학대받던 피압박인민이 모든 권리와 복리를 향유하는 민중의 낙원을 펼쳐 놓았다.

각계각층의 애국적 진보적 역량이 수행하는 인민민주주의혁명은 이 땅에서도 오랜 세월 누적된 모든 사회적 오물을 일소하고 자랑찬 새 역사의 기원을 열어 놓을 것이다. 노동계급을 위시한 노동대중의 전위부대이며 전체 한국인민의 민족적 이익의 체현자인 통일혁명당은 바로 이와 같은 혁명과제를 해결함으로써 민족과 인민을 위한 새 사회제도, 인민민주주의 제도를 긴립하고 노동인민대중이 주인이 되는 영광의 역사를 창조함을 자기의 순고한 사명으로한다. 우리 당은 저주로운 식민지반봉건적 사회제도를 전복하고 한국사회의 민족적, 민주적 발전을 기하며 국토통일의 대업을 완성코저 다음의 12개조 강령을 제시하고 그 실현을 위해 과감히 투쟁할 것이다.

1. 미제국주의 식민지통치의 철폐와 자주적 민주정권의 수립
2. 파쇼독재체제의 소탕과 사회정체생활에서 민주주의의 실현
3. 농·어촌의 세기적 낙후성과 빈궁의 일소
4. 중요산업의 국유화와 자립적 민족경제 건설
5. 민주적 노동법령의 실시와 노동자들의 사회경제적 처지의 개선
6. 여성들의 권익보장과 사회적 지위의 향상
7. 민주적 민족문화의 창달과 지식인들의 생활보장
8. 교육의 쇄신과 근로자 자녀들에 대한 무료교육제, 장학금제의 실시
9. 선진적 보건제도의 확립과 광범한 무료치료제의 실시
10. 자위적 민족군대의 창설
11. 자주외교의 구현과 반제평화애호국가들의 우호증진
12. 조국의 자주적 평화통일의 성취

통일혁명당 중앙위원회
1969년 8월 서울

한국민족자주선언

이 땅에 해방의 종소리가 울려퍼지던 때로부터 어언 40주년이 되어 온다.

우리는 오늘도 망국의 비운을 가시지 못한 절통한 상황에서 8·15해방의그날을 맞게 된다. 감회도 깊은 조국광복의 그날 우리 3천만 동포는 얼마나 격정에 목메여 천하가 동하도록 '독립 만세'를 부르고 또 불렀던가.

깃밟힌 민족의 설움을 안고 망국을 통탄하던 우리 겨레에게 있어서 자주독립보다 더 귀중한 것이 없었고 해방보다 더 소중한 것이 없었다.

그러나 이 땅에는 완전한 해방도, 진정한 독립도 오지 않았다.

8·15광복의 그날 우리 민중이 열망한 것은 통일독립된 내 나라에서 내가 주인이 되어 번영하는 민족의 새 역사를 창조하는 것이었으나 이 땅에 펼쳐진 현실은 남이 주인노릇을 하는 새로운 지배와 예속이었다.

참으로 '한국'의 지나온 40년 역사는 민족 자활이 아니라 망국의 가속화과정이었고 독립이 아니라 예속의 확대재생산과정이었으며 국민복지가 아니라 사회적 재앙의 확산과 정이었다.

이 땅에서는 해방의 환호성이 아니라 시일야방성대곡이 지속되고 민족 번영의 송가가 아니라 '우리의 8·15를 되찾자'는 민중의 피맺힌 외침이 구천에 사무치고 있다. '한국' 민중의 권익의 옹위자인 우리 '한국민족민주전선'은 저주로운 망국노의 처지와 결별하고 민족 웅비의 새 기원을 마중하려는 겨레의 의지를 한 데 모아 하루빨리 참된 해방을 성취하기 위한 사명감으로부터 광복 40주년을 맞으며 이 선언을 발표한다. 우리의 '한국민족자주선언'은 진정한 자주권을 찾기 위한 겨레의 절규이다. 오늘 '한국' 민중이 나아갈 길은 민족해방이다.

민족해방위업은 한국사회의 식민지적 체질에서 흘러나온 필수적 요청이다. 한국은 미국의 완전한 식민지이며 과거 만주국의 현대적 재판이다.

한국에 대한 미국의 지배는 시종일관 아시아와 세계제패를 위한 전략기지화에 초점을 맞추어 실현되고 있다.

미국은 바로 반공대결을 위한 값싼 전초기지로서 한국이 필요하기 때문에 오늘도 직접적인 군사적 강점에 신식민주의 간접통치를 배합하고 '두 개 한국' 정책에 냉전전략을 결합하여 이 땅을 통치하고 있다.

 한국에 '독립국'의 명색을 갖춘 '대통령'이 있고 3권분립의 정치체제도 존재하나 자결권을 가진 것은 어느 하나도 없다. 한국의 '헌법'에는 '주권재민'의 명구가 버젓이 삽입되어 있지만 우리 국민은 언제 한번 자기 손으로 자기정권을 세워 본 적이 없고 자기 손으로 대통령을 선출해 본 적도 없다.

 한국에서 주권은 '한국'민에게 있는 것이 아니라 미국에 있으며 '한국'의 정치는 '청와대'가 하는 것이 아니라 백악관이 하고 있다.

 '한국'에는 근 백만의 '국군'과 400여만의 '예비군'을 비롯한 과포화상태의 군사력이 있으나 제 나라 제 민족을 지키는 군대가 없고 육해공군 장성은 많아도 통수권을 가진 자는 하나도 없다.

 '국군'의 군사행동반경은 미군사령부의 작전지도 위에 표시되어 있고 그의 존재가치는 미군의 총알받이 노릇을 하는 데 있다.

 오늘 북미합중국의 '전략적 제1선'으로 공표된 한국은 '80년대 힘의 대결'을 위한 극동 최대의 열핵기지로 전변되었으며 한국민중은 핵참화의 십자로에 놓이게 되었다.

 한국경제는 내 것으로 살아가는 민족경제가 아니라 미국자본의 배설물로 신진대사를 하는 식민지 하청경제이다. '원조'와 '차관'의 이름 밑에 침투한 미국독점자본은 민족자본을 무자비하게 질식시키고 20세기 괴물로 등장한 미 다국적기업은 한국경제를 송두리 채 집어삼키며 민족의 자결권을 포식하고 있다.

 미국의 독점자본이 한국의 잉여가치로 비대해질 때 한국민은 기아임금에 울고 물가고에 아우성치며 세금에 멍들고 실업에 쫓겨 다녀야 한다.

 국가가 허물어지는 것도 무서운 일이지만 민족의 넋이 무너지는 것은 더욱 위험한 일이다.

 한국에서 제도적으로 지배하고 합법적으로 성행하는 것은 숭미사대의식과 반공배족사상이며 양풍왜색이다. 그의 악성적인 병폐 속에서 민족자주의식이 짓밟히고 민족 내부의 분열과 갈등이 조장되고 있으며 민족문화의 전통성이 이지러지고 민족 자체가 양키식으로 이질화되어 가고 있다.

 미국의 식민지통치하에서 우리 국민은 골육만 도륙당하고 있는 것이 아니라 지맥과 혈맥까지 잘리우고 있다. 미제에 의한 국토분단으로 우리 민중은 전고 미문의 민족적 비애를 곱씹어 왔고 너나없이 무서운 재난을 치르어 왔다.

그런데 남북분단은 끝장나고 있는 것이 아니라 나날이 경직화되고 있으며, 통일로 가는 것이 아니라 영구분열로 가고 있다.

영구분열의 길, 그것은 곧 민족의 파멸과 종말에로의 길이다.

이것은 참으로 상상만 하여도 몸서리치는 식민지 한국민의 참혹한 비극이 아닐 수 없다.

자주권을 말살당한 식민지에서 민족해방위업을 수행하는 것은 그 어떤 물리적 강제로도 억제할 수 없는 불가침의 권리이고 의무이다.

우리 민중이 민족해방위업을 수행하는 것은 지난 40년 간의 대중투쟁에서 찾은 피의 교훈이다.

8·15이후 오늘까지 한국민중은 자유와 민주주의, 생존권과 조국통일을 위하여 어느 하루도 투쟁을 멈춘 날이 없고 피를 흘리지 않는 날이 없었다.

우리 민중은 이 격전의 길에서 4·19의거로 이승만 괴뢰정권의 아성을 허물어 버리고 10월 민주항쟁으로 '유신' 파쇼통치에 준엄한 선고를 내렸으며 영웅적인 광주봉기를 통하여 80만의 대도시를 해방하고 10일 간이나 자유와 민주의 보루 '민주국'을 세운 세계사적 위훈도 남기었다.

그러나 투쟁 속에서 밝아 오던 민주의 여명과 조국통일의 서광은 그때마다 광란적인 폭정 속에 가뭇없이 사라지고 이 땅에는 보다 횡포무도한 군사파쇼 '정권'이 등장하였다.

이 역사의 반동 뒤에는 언제나 미국의 검은 마수가 뻗치고 있었다. 우리 민중은 이것을 통하여 반미민족해방운동이 없이는 자주권을 위한 그 어떤 성스러운 위업도 실현할 수 없다는 것을 철석같은 신념으로 간직하게 되었다.

오늘 우리 민중이 민족해방운동에서 높이 들어야 할 기치는 반미자주화이다.

반미자주화, 바로 여기에 식민지예속을 끝장내고 빼앗긴 우리 영토와 짓밟힌 내 민족의 자주권을 다시 찾는 참다운 길이 있고 민주와 통일로 가는 첩경이 있다.

반미자주화를 위한 우리 민족해방투쟁은 침략과 피침략과의 대결이고 매국과 애국간의 결전이다.

이 투쟁에서 창끝을 돌려야 할 주타격대상은 미제국주의 침략세력이다.

미제는 침략과 압제의 괴수이며 역사적으로 우리 겨레에게 재난을 들씌운 철천지 원수이다.

한국의 극소수 사대매국세력은 미제와 함께 제거해야 할 반미자주화의 투쟁대상이다.

한국의 매판자본가들과 반동관료배들, 친미분자들은 외세를 끌어들이는 안내자들이며 나라의 자주권을 해치고 팔아먹는 민족반역집단이다.

  오늘 식민지 한국에서 반미자주화투쟁을 밀고 나갈 동력은 노동자, 농민들과 청년학생, 중소상공인을 비롯하여 지성인, 애국적 군인 들과 종교인들은 물론 민족적 자주권을 지향하는 광범위한 민중이다.

  여기에서 노동계급은 반미자주화투쟁의 승패를 좌우할 결정적 역량이고, 농민은 그의 미더운 동맹자이며, 청년학생들은 투쟁의 앞장에서 돌파구를 개척하는 주력부대이다.

  영생불멸의 주체사상을 지도이념으로하는 우리 '한국민족민주전선'은 한국민중의 지향과 의사의 체현자이며 애국적 전위대이다.

  반미자주화를 위한 민족해방투쟁에서 우리 한국민족민주전선과 애국민중이 함께 밀고 나가야 할 역사적 과제는 반파쇼민주화와 조국통일이다

  반미자주화투쟁 속에서 사회의 민주화와 조국통일도 실현될 수 있고, 반파쇼투쟁과 조국통일운동에서 자주화가 촉진된다.

  미제와 그 앞잡이들을 반대한 우리의 민족해방투쟁에서 승리의 관건적 요체는 민족주체역량의 강화에 있다.

  막강한 민족주체역량은 대중의 의식화, 조직화와 군중투쟁의 실천 속에서 준비되고 자라난다.

  대중이 민족적으로, 정치적으로 자각하고 자기 운명의 개척자로 역사무대에 등장할 때 그 힘을 당할 자는 이 세상에 없다.

  민족주체역량의 위력의 원천은 단결에 있다.

  한국에서 민족의 의지를 하나로 집약하고 민중의 힘을 효율적으로 조직화하기 위해서는 각당, 각파, 각계각층 애국역량을 망라하는 광범위한 민족통일전선을 결성하여야 한다.

  반미자주화투쟁이 민족사적 요청으로 부상된 현 시점에서 애국과 매국을 가르는 기준은 오직 대미관에 있다.

  반미는 애국이고, 친미는 매국이다.

  현실은 애국애족의 일념으로 정파와 당파의 울타리를 뛰어넘고 구국의 단심으로 반미자주화의 길에 나설 것을 촉구하고 있다.

  우리 한국민족민주전선은 이 땅에 태를 묻은 사람이라면 그가 민족주의자이건, 공사주의자이건, 신자이건, 무신론자이건, 해외에서 살건, 국내에서 살건, 지난날 조국 앞에 죄를 지은 사람이건 아니건 상관없이 힘있는 사람은 힘을 내고 지혜있는 사람은 지혜를 내고 돈있는

사람은 돈을 내며 민족통일전선에 하나로 뭉쳐 한국의 자주화를 위한 일대 반미구국운동에 결연히 나설 것을 호소한다.

반미자주화투쟁의 포성은 이미 울렸으며 대세는 우리 민중의 편에 결정적으로 유리하게 전변되고 있다.

민족적 자주권을 찾기 위한 열전의 시기가 가까와 오고 있는 오늘 우리 민중에게는 뒤로 물러설 자리도 없다.

민족해방은 더 이상 지체할 수 없는 역사의 소명이다.

우리는 오늘의 민족해방투쟁에서 물러서면 영영 망국노의 처지에서 벗어날 수 없고 오늘의 위기를 막지 못하면 지구상에서 단일민족과 하나의 삼천리강 산마저 잃어버리게 될 것이다.

방관은 죽음이고, 주저는 파멸이다.

오늘 우리 시대는 어제날 압박받고 천대받던 민중이 역사의 중심에 들어서서 키를 잡고 나가는 자주성의 시대이다.

지구상에서는 지배정치가 무너지고 자주정치의 물결이 굽이치고 있으며 피압박민족마다 신생독립하여 자기 운명의 타수로 각광을 받고 있다.

이 격동적인 시대에 나라와 민족을 사랑하고 자주국민으로 살기를 바라는 모든 한국민중은 반미민족해방성전에 분기하자

우리는 민족자주위업을 수행하기 위하여 다음과 같은 당면 강령을 제기하고 투쟁할 것이다.

1. 민족자주정권을 수립한다.

민족의 자주권은 독립국의 제일 생명이다.

민족의 자결권과 존엄은 자주정권에 의해서만 보장된다.

자주독립을 지향하는 각당, 각파, 각계각층의 거족적인 반미운동으로 '한국'에 대한 미국의 군사적 지배와 식민지통치를 청산한다.

노동계급을 중핵으로 하는 광범위한 민족통일전선에 기초하고 극소수 친미·친일 세력을 제외한 각계각층 민중을 위해 복무하는 민족자주정권을 수립한 일체 외세의 간섭과 외세의

존을 배제하고 정강, 정책을 독자적으로 세우며 국정 전반에서 자주권을 행사한다.

2. 민주정치를 실현한다.

민주정치는 국민의 기본권과 사회적 진보를 위한 전제이다. 민주정치가 구현되어야 자주적이고 창조적인 국민생활이 담보되며 사회의 민주주의적 발전이 이룩된다.
식민지통치의 도구인 군사독재를 매장하고 파쇼적인 폭압기구들과 악법들을 철폐한다.
파쇼독재정치, 정보테러정치를 배제하고 국민대중의 자주성과 창조성이 발양되는 민주주의인 사회정치제도를 발전시킨다.
언론, 출판, 집회, 결사, 시위 및 신앙의 자유를 보장하고 노동자, 농민들을 위시한 근로민중에게 실제적인 참정권을 부여하며 민주적 정당, 단체들의 자유로운 활동을 보장한다.
부당하게 투옥된 모든 정치범, 양심범들을 전원 무조건 석방한다.
인격존중, 인간평등을 실현하며 감시, 미행, 테러, 폭행, 기합, 고문 등 일체 인권침해행위와 정치적 보복을 엄금한다. 여성에 대한 정치적 차별과 속박을 근절하고 여권을 신장한다.

3. 자립적 민족경제를 건설한다.

자립경제는 자주독립국의 초석이다.
경제적 자립을 이룩해야 나라의 독립을 굳건히 다지고 민족이 자주적으로 살아나갈 수 있다. 외세의존경제와 매판경제를 배격하고 식민지경제체제를 개혁하여 자립경제의 기반을 닦는다.
국내의 자원, 원료, 자금, 기술에 입각하여 민족산업을 부흥발전시키며 산업구조를 균형화한다.
채무경제를 지양하고 국내축적을 증대시킨다.
남북간의 경제교류와 협조를 실현하며 남북경제의 통일적 발전을 적극 도모한다.
매판기업가들을 제외한 모든 기업인들과 중소상인들의 사적 소유를 보호하고 그들의 활동을 보장하며 재외교포자본가들의 자유로운 기업활동을 장려한다.

민족자본의 자립적 성장에 저해되지 않는 외국인들의 투자는 제한하지 않으며 그 이권을 보호한다.

4. 국민생활을 안정시킨다.

국민생활의 안정, 향상은 민족자주정권의 기본임무이다. 민생문제의 해결이 없이는 나라의 부강발전도 기대할 수 없다.
소수 특권층을 비대시키는 부의 편중을 근절하고 소득분배의 공정성을 기하며 근로민중의 생활안정과 복리증진에 우선권을 부여한다.
출혈적 조세정책을 폐지하고 각자의 소득에 따라 적용하는 공평한 세금제를 실시하며 물가를 안정시킨다.
근로자들에 대한 8시간노동제, 최저임금제, 노동보호제, 유급휴가제, 사회보장제를 실행한다. 차별임금제를 폐절하고 동일노동시간에 대한 동일임금을 지불하며 노임체불을 근절한다.
농어민들의 영농조건, 어로조건을 개선한다. 미군용지로 이용하던 농토와 매판재벌들이 소유했던 농지를 경작지가 없거나 적은 농민들에게 분배하며 농산물 고가정책과 비료, 농기계 등의 저렴가 시책으로 농민생활을 안정, 향상시킨다.
어민들에게 어로활동의 자유와 안전을 보장하며 영세어민들을 위해 어선, 어구, 어업자금을 배려한다.
실업자들에게 직업을 알선해 주고 그들의 생활을 안정시킨다. 저렴한 임대료로 근로민중에게 공영주택을 제공하며 무의면을 해소하고 극빈자들에 대한 의료보험제를 실시한다.

5. 민족교육을 발전시킨다.

민족교육은 민족의 장래 운명을 좌우하는 위업이다. 민족교육을 발전시켜야 민주사회의 진보를 이룩할 수 있고 민족적 번영의 터전을 마련할 수 있다.
숭미반공교육제도를 청산하고 자주이념에 투철한 민족인재를 양성하는 교육제도를 전면적으로 발전시킨다.
  학원의 모리화를 금지하고 등록금, 공납금제를 폐지한다.
  모든 학령 아동들에게 중학교까지의 의무교육의 길을 열어 주며 모든 대학생들에게 국가 장학금제를 실시하여 학생들의 과중한 학비부담을 덜어 준다.
  학원의 파쇼화, 군사화를 철폐하고 교육의 민주화를 실현한다.

6. 민족문화를 건설한다.

  자주적인 문화건설은 사람들을 위력한 사회적 존재로 키우고 민족을 문명화하는 기본요건이다.
  자주적인 문화를 발전시켜야 나라의 부흥과 민족의 발전을 도모할 수 있다.
  부패타락한 양키문화를 추방하고 사회의 참신한 발전과 국민의 정신문명생활에 이바지하는 민족문화를 창달한다.
  외래문화 모방풍조를 배격하고 주체적인 문화예술을 발전시키며 사대주의와 민족허무주의를 일소하고 국민대중의 민족자주정신과 애국의식을 적극 발양시킨다.
  민족의 우수성을 살려 국민들의 민족적 자존심과 자부심을 함양하며 민족문화유산을 발굴하고 보호·관리하는 실제적 대책을 강구한다.
  짓밟힌 조상전래의 문화전통을 회복하고 자주적인 문화생활을 창조한다.

7. 참신한 사회기풍을 세운다.

  건전한 사회풍의 확립은 말세기적인 식민지 사회악을 일소하고 참신한 생활풍토를 조성하는 긴박한 과제이다. 생신한 사회기풍이 서야 사회의 부패화가 방지되고 국민들의 명랑하고 보람된 삶이 마련된다.
  미군기지촌과 소수 특권층들의 향락을 위한 퇴폐적인 유흥업소들을 철폐하며 형형색색의 부정부패행위를 근절한다.
  인신매매행위를 완전 일소하고 온갖 사회악을 제거한다. 사치와 낭비 성향을 막고 건전한 윤리도덕과 창조의식이 전사회에 넘치게 한다.

청소년들을 선도할 사회적 환경과 제도적 장치를 마련하여 그들의 사회도덕적 탈선을 미연에 방지한다.

8. 자주국방을 실현한다.

자주국방의 실현은 독립국가건설의 근본요체이다. 자위국방을 실현해야 제국주의의 침략과 간섭을 물리치고 민족적 자주권을 지킬 수 있다.

군통수권을 탈환하고 한국에 대한 미국침략자들의 군사적 지배를 종식시킨다.

주한미군이 설치한 모든 군사기지, 모든 핵기지들을 철폐하고 한국을 비핵평화지대로 만든다.

이북과 동족을 반대하는 일체 군사행동과 전쟁준비를 배격하고 타국에 대한 침략을 반대하는 반전반핵운동을 적극 벌인다.

외래침략으로부터 나라와 민족을 지킬 필요한 수의 자위무력을 유지하고 현병력을 대폭 감군하며 국민의 군사적 부담을 경감한다. 군 강제징집제도를 폐지하고 자원병제를 시행하며 반미자주화투쟁에 참여한 장교들은 중용하고 우대한다.

9. 자주외교를 시행한다.

자주외교는 국위를 선양하는 수단이다. 국제사회에서 자주권과 평등권을 행사해야 자주독립국의 존엄과 민족의 영예를 고수할 수 있다.

자주, 중립, 평화, 비동맹을 외교정책의 기본이념으로 삼는다.

어떠한 정치군사동맹에도 가담하지 않고 어떠한 강대국에도 기울어지지 않는 중립노선을 확고히 견지한다.

우호와 평등, 불간섭의 원칙에서 다른 나라들과 맺은 수교관계를 재조정하며 자주, 민주, 평화를 지향하는 모든 우호국가들과의 친선협력관계를 증진시킨다.

제국주의, 식민주의를 반대하는 모든 나라, 모든 민족들과 반제반미 공동유대를 강화하고 비동맹운동에 적극 참여하여 세계의 평화와 자주화 실현에 기여한다.
한미, 한일 간에 체결된 침략적이고 매국적이며 예속적인 일체 '조약' 과 '협정' 들을 폐기한다.

10. 조국의 자주적 평화통일을 이룩한다.

조국의 자주적 평화통일은 온 겨레의 일치한 숙원이며 민족지상의 절박한 과제이다. 민족통일을 이룩해야 나라의 통일적인 부흥발전과 후손만대의 번영을 담보할 수 있다.
민족의 영구분열을 막고 자주적이며 민주주의적인 원칙에서 평화적으로 조국통일을 실현한다.
광범위한 국민대중의 통일열의를 고취하고 민족대단결을 도모하며 민족의 총의가 집약된 폭넓은 협상을 통해 연방형식의 통일국가를 건립함으로써 조국통일의 역사적 위업을 수행한다.
우리 민족해방위업은 정의이고, 시대의 흐름에 합류한 반미자주화투쟁은 필승불패이다.
친미사대냐, 반미자주냐, 우리는 반미자주에 살고 싸우며 승리할 것이다.
반미자주화 만세!
우리의 민족해방위업 만세!

'한국민족민주전선' 중앙위원회
1985년 7월 27일 서울

신영복을 존경하세요?

초 판 2022년 11월 25일

지은이 민경우·김창우·박지원·박민형·재이
발행인 김유진
기 획 김영신
편 집 권지원
디자인 송태규
발행처 넥스테이지
등 록 제2022-000101호
주 소 경기도 성남시 분당구 분당로53번길 10 동호플라자 5층 62호
이메일 nextage3@naver.com
홈페이지 https://www.nextage3.co.kr/

ISBN 979-11-980796-6-4

미래를 여는 혁신적 시대담론 **넥스테이지**